법과 상식으로 사회정의를 실현하는

변호사

법과 상식으로 사회정의를 실현하는

변호사

김상천 지음

LAWYER

TALK SHOW

> **"**
> 미래를 예측하는 가장 좋은 방법은
> 미래를 만드는 것이다.
> **"**

- 앨런 케이(컴퓨터 과학자)

> **"**
>
> ### 君子無入而不自得焉
> 군 자 무 입 이 불 자 득 언
>
> # 군자는 어느 자리에 들어도 스스로
> # 깨달음을 얻지 못함이 없는 것이다.
>
> **"**
>
> **-『중용』14장**

법과 상식으로 사회정의를 실현하는
변호사

C·O·N·T·E·N·T·S

C·O·N·T·E·N·T·S

LAWYER

변 호 사
김 상 천 의
프 러 포 즈

안녕하세요, 김상천 변호사입니다.

저는 대학과 대학원에서 컴퓨터 공학을 전공했고, 관련 분야 연구소에서 연구원으로 일했습니다. 그때까지만 해도 제가 법조계에서 일할 것이라고는 저를 포함해 가족과 주변 사람 모두 상상도 하지 않았습니다. 그런데 우연과 우연이 겹쳐 변호사라는 직업이 제 마음속에 들어왔고, 해보자는 결심을 한 후 겁도 없이 진로를 변경해 법학전문대학원(로스쿨)에 진학했습니다. 로스쿨을 졸업하고 나서 바로 변호사로 일한 것도 아닙니다. 법조인으로서는 검사로 첫발을 내디뎠고, 검찰청을 나와 변호사로 일하다 잠시 고위공직자범죄수사처(공수처) 검사로 일했고, 지금은 공수처를 나와 다시 변호사가 되었습니다.

변호사 자격이 있는 사람은 검사나 판사로 임용될 수 있습니다. 검사는 범죄로부터 사회를 지키고 억울한 피해자를 도와주는 것을 사명으로 삼는 직업이고, 판사는 법적 지식과 통찰력으로 부당한 일을 겪은 사람들의 억울함을 풀어주는 역할을 합니다. 검사는 시험을 봐서 임용되고, 판사는 법조인 경력 5년 이상을 쌓으면 임용될 수 있습니다. 이렇게 변호사는 할 수 있는 일이 참 많다는 장점이 있고, 여러 가지 면에서 멋진 직업이라고 생각합니다. 왜 그런지 몇 가지 이유를 더 들어보겠습니다.

첫째, 변호사는 어려움에 부닥친 사람을 돕는 직업입니다. 고난이 닥친 사람을 돕는 일은 그 무엇보다 의미 있는 일이며, 우리 자신의 삶을 더 보람 있게 만들어 줍니다. 어려움에 빠진 사람에게 의지할 수 있는 단 한 사람이 되어 고난을 헤쳐 나가는 경험은 그 어떤 추리소설보다 흥미진진하고, 영화보다 더 큰 감동을 줍니다. 누명을 벗고 무죄를 받았을 사람이 느끼는 기쁨만큼이나 그 곁에서 억울함을 알아주고 함께 진실을 갈구했던 변호사가 느끼는 보람은 정말 말로 쉽게 표현할 수 없을 정도로 큽니다.

둘째, 변호사는 무한한 가능성을 지닌 직업입니다. 여러분이 떠올리는 변호사의 모습은 아마 법정에서 열정적으로 변론하는 장면일지도 모르겠습니다. 하지만 변호사는 정말 다양한 분야에서 다채로운 역할을 할 수 있습니다. 변호사라는 자격은 법률 관련 업무에 능숙하다는 것을 공식적으로 인정받는 것이기 때문에 단순히 소송에만 국한되지 않고 여러 분야에서 법률 지식을 바탕으로 그 역량을 발휘할 기회가 많습니다.

우리 사회를 움직이는 가장 중요한 규칙은 바로 '법'입니다. 그렇기에 변호사가 활동할 수 있는 영역은 무궁무진합니다. 예를 들어, 어떤 사업을 시작하기 전에 법적 문제가 발생할 가능성을 자문하기도 하고, 계약 체결 시 문제가 없는지 검토해 주기도 합니다. 또한 정부나 기업 관계자와의 대화에서 논리적인 근거를 마련해 주거나, 직접 사안을 설명하고 설득하는 역할도 합니다. 더 나아가 국가기관의 관료나 기업의 임원으로 일하기도 합니다. 국가나 기업의 운영은 법과 매우 밀접하게 연관되어 있기 때문입니다.

셋째, 변호사는 다채로운 경험을 하며 많은 사람들과 교류할 수 있는 직업입니다. 변호사의 활동 무대는 세상 모든 곳이며, 함께 일하는 사람들은 법조인뿐만 아니라 기업가, 정치인, 예술가 등 정말 다양합니다. 다양한 사람들과 교류하며 그들의 삶을 간접 체험하고, 여러 사건 속에서 함께 일할 수 있다는 점은 변호사라는 직업의 큰 장점입니다. 때로는 역사적인 현장에 있을 수도 있고, 어떤 사람의 인생에서 중요한 전환점이 되는 순간을 함께하며 깊은 감동을 나누기도 합니다. 저

역시 변호사로 일하면서 다양한 사람들을 만나고, 드라마보다 더 드라마틱한 현실을 마주하는 경험을 했습니다.

넷째, 변호사는 일에 대해 적절한 보상을 받는 직업입니다. 중요한 일들을 많이 다루고, 복잡한 문제를 해결하는 경우가 많으므로 그에 상응하는 보상이 따릅니다. 물론 변호사의 업무는 매우 다양하고 활동 분야와 역량에 따라 보상 수준도 달라질 수 있습니다. 하지만 자신의 능력을 꾸준히 갈고닦으며 중요한 순간마다 맡은 일을 잘 해낸다면, 이 사회는 여러분의 노력과 기여에 걸맞은 보상을 해줄 것입니다.

변호사라는 직업은 이처럼 많은 장점이 있지만 그만큼 여러 가지 단점도 존재합니다. 한 사람의 인생, 한 기업의 운명을 좌우할 수 있는 문제를 다루기 때문에 한순간도 긴장의 끈을 놓을 수 없습니다. 그렇지만 여러 장점이 단점을 뛰어넘을 만큼 충분히 매력적입니다. 만약 이 이야기들이 여러분의 마음을 조금이라도 설레게 했다면 변호사의 세계로 한걸음 들어와 보세요. 지금부터 차근차근 준비하여 무한한 가능성의 문을 열고, 다양한 사람들을 만나 도우며 풍요로운 삶을 향해 나아가시기를 바랍니다.

LAWYER

첫인사

편 토크쇼 편집자

김 김상천 변호사

편 오늘은 변호사라는 직업의 세계에 대해 알려주실 분을 모셨습니다. 안녕하세요, 변호사님.

김 안녕하세요, 변호사 김상천입니다. 현재 법무법인(유한) 동인에서 파트너 변호사로 근무하고 있습니다. 원래는 공학을 전공한 공학도로 컴퓨터에 대해 배우던 사람이었어요. 우연한 계기로 사람들에게 직접적인 도움을 줄 수 있는 일을 하고 싶다는 마음이 생겨 법조인의 길을 선택하게 되었습니다.

편 대학에서는 공학을 전공하셨다고요?

김 저는 대학과 대학원에서 컴퓨터 공학 분야를 전공한 후 한 연구소에서 공학 연구원으로 5년 정도 근무했어요. 그러던 어느 날 함께 일하던 선배가 유학하러 가겠다고 준비하더니 정말 떠났어요. 그 모습을 보니 저도 넓은 세계로 나가서 공부도 더 하고 다양한 경험을 하고 싶더라고요. 유학하려면 먼저 영어 시험을 통과해야 하는데, 저는 영어를 잘하는 편이 아니어서 토플 시험이 어렵게 느껴지기도 하고 성적도 잘 안 나왔어요. 그래서 영어 실력을 키우려고 영어 소설을 읽기 시작했는데, 그중에 존 그리샴의 소설들이 있었어요. 존 그리샴은 간결하고 정확한 문장을 쓰는 작가라 영어 공부용으로도 훌륭했고, 내용도 흥미로웠어요. 사실 변호사라는 직업에 흥미를 느끼게 된 계기도 존 그리샴의 소설이었어요. 그는 변호사 출신으로 작품 속에 변호사들이 의뢰인의 억울함을 풀어주거나 사건을 해결해 주며 법정 공방도 펼치는 내용이 많았어요. 그렇지만 소설을 읽으면서 변호사를 꿈꾼 것은 아니에요. 어디까지나 유학 준비를 위해 읽은 소설이었고, 그의 소설을 거의 다 읽을 즈음 저의 토플 점수는 유학을 갈 수 있을 만큼 올랐어요.

편 그럼 어떤 계기로 유학을 포기하고 법조인으로 방향 전환을 하게 되었나요?

김 유학할 준비를 할수록 마음 한편이 편하지 않았어요. 제가 어렸을 때 아버지가 일찍 돌아가시고 어머니가 홀로 저를 키우셨는데, 어머니를 두고 외국으로 떠나는 것이 마음에 걸렸어요. 그런데 이미 유학을 결심한 후라 연구소로 다시 돌아갈 수 없을 만큼 마음이 떠났어요. 그때 마침 법학전문대학원이 처음 생긴다는 소식을 접했고, 존 그리샴 소설 속 변호사들의 모습이 떠오르면서 변호사가 되어 사람들을 도우며 사는 것도 멋진 삶이겠다는 생각이 들었어요. 그래서 무턱대고 법학전문대학원에 진학하기로 결심했지요.

🔲편 연구원으로서 경력이 아깝지는 않으셨어요?

🔲김 저는 어렸을 때부터 컴퓨터를 정말 좋아했어요. 그래서 직업을 바꾼다고 컴퓨터에서 멀어지는 건 아니라고 생각했고, 사실 그때까지는 변호사가 꽤 한가한 직업인 줄 알았어요. 저는 강원도 속초에서 태어나 자랐는데, 제 주변에 법조인이 한 명도 없었어요. 무슨 일을 하는지도 잘 몰랐던 거죠. 그래서 정말 법학전문대학원에 원서를 넣을 때만 해도 자신의 신념을 따르는 정의로운 변호사가 되어 고향에서 사무실을 열고, 좋아하는 컴퓨터도 하면서 남는 시간에는 낚시도 즐기며 한가하게 살 수 있을 것으로 생각했어요. (웃음) 이렇게 낭만적인 꿈을 품고 법학전문대학원에 진학했습니다. 그런데 뜻하지 않게 로스쿨을 졸업하고 검사로 임용되면서 변호사가 되겠다는 꿈은 조금 미뤄지게 되었죠.

🔲편 먼저 검사 생활을 하시고 나중에 변호사가 되신 거네요?

🔲김 네, 약 4년간 검사로 근무한 뒤 변호사 업무를 시작했습니다. 이후 공수처에 합류해 공수처 검사로 재직했으며, 현재는 다시 변호사로 활동하고 있어요.

🔲편 검찰에서는 어떤 분야의 사건을 담당하셨어요?

Ⓚ 일반 형사사건을 처리하는 한편, 첨단범죄수사부에서는 IT 관련 사건 수사도 다수 맡았습니다. 제가 컴퓨터 공학을 전공했고 실무 경력도 있었기 때문에, 해킹이나 개인정보 침해 사건과 같은 기술 기반 범죄를 주로 담당하게 되었습니다. 그 과정에서 압수수색과 관련된 업무도 자주 접할 수 있었고, 직접 현장에 나가 압수수색을 지휘하거나, 전자정보를 포렌식해 증거를 확보하는 역할도 수행했습니다.

Ⓟ 변호사가 된 지금은 어떤 분야에서 활동하시는 건가요?

Ⓚ 검사로 일했던 경험을 바탕으로 형사사건을 주로 맡고 있습니다. 형사사건은 범죄와 관련된 사건으로, 절도, 사기, 배임, 횡령 등 형사사건의 피의자 변호를 하고, 억울하게 누명을 쓴 사람을 도와주거나, 피해를 당한 사람의 권리를 지켜주는 일을 포함합니다. 또한, 컴퓨터 공학 전공을 살려 IT와 관련된 법률문제도 자주 다루고 있어요. 개인정보보호나 사이버 범죄, 코인과 같은 가상자산 등 기술과 법이 만나는 지점에서 일하고 있습니다. 이런 분야는 보안 기술을 기반으로 하기 때문에, 관련 기술에 대한 이해가 큰 도움이 됩니다. 법이 기술이나 사회의 변화를 따라가지 못하는 부분도 많은데, 이와 관련해 자문을 구하는 기업의 의뢰를 받기도 합니다.

편 진로를 고민하는 청소년에게 어떤 조언을 하고 싶으세요?

김 저는 고등학교 때 이과반을 선택하고, 대학에서 컴퓨터 공학을 선택한 것으로 진로에 대한 고민은 끝났다고 생각했던 적이 있어요. 컴퓨터를 워낙 좋아했고, 이과를 선택했으니 당연히 컴퓨터 관련 일을 할 것이고, 더 이상 진로에 대해 깊이 고민하거나 새로운 선택을 할 일은 없을 거라고 여겼던 거예요. 그런데 그것은 큰 착각이었지요. 우리가 어떤 일을 하고, 어떤 자리에 서게 될지를 결정하는 선택은 우리의 삶에 매우 큰 영향을 끼치는데, 그런 선택의 순간이 인생에서 단 한 번만 오는 것이 아니라 생각보다 자주 찾아옵니다. 중요한 선택의 순간이 올 때면 고민하게 되지요. '내가 지금 올바른 선택을 하는 것일까? 실수하는 건 아닐까?'라고 걱정도 하고요.

우리가 살아가면서 중요한 선택의 순간이 있는데, 그중 하나가 진로인 것은 맞아요. 그런데 어떤 일을 할 것인가를 선택하는 그 자체보다 더 중요한 것은 선택 이후의 노력이나 과정이에요. 진로를 선택하고 나서 내가 얼마나 열심히 그 길을 걷는가가 더 중요하다는 것을 알았으면 해요.

편 한 번이든 여러 번이든 무엇인가를 선택하면 뒤를 돌아보지 말고 앞을 보며 노력하라고 말씀하셨어요. 그런데 진로를 결정했더라도 청소년에게 미래는 너무 불확실해서 불안한 마음이 드는 것도 어쩔 수 없는 것 같아요.

(김) 청소년 시기는 경험이 적기 때문에 세상을 바라보는 시야가 좁고 불확실한 미래를 상상하며 불안할 수 있어요. 그럴 때 다양한 경험을 해본 어른들의 이야기를 들어본다거나, 책이나 영상을 통해 간접 체험을 해보는 것도 도움이 됩니다. 저는 변호사가 되겠다고 마음먹었을 때 물어보고 싶어도 물어볼 사람이 없어서 마음이 답답한 적도 있었어요. 만약 예전의 저처럼 궁금한 것이 있는 청소년이라면 어떤 변호사에게라도 물어보세요. 모르는 사람이라도 어른들은, 특히 저처럼 진로에 대해 여러 번 고민하고 방향을 바꿔 본 사람들은 여러분에게 기꺼이 경험을 나눠줄 준비가 되어 있답니다.

(편) 지금 전해주신 말씀처럼 진로를 고민하는 청소년에게, 특히 변호사를 비롯해 법조인에 관심이 많은 청소년에게 김상천 변호사님의 이야기가 직접적인 도움이 되기를 바라며 인터뷰 시작하겠습니다.

LAWYER

변호사람

변호사는 어떤 직업인가요

편 변호사는 어떤 직업인가요?

김 변호사는 변호사법 제3조에 "소송에 관한 행위, 행정처분에 대한 청구, 일반 법률 사무"를 맡는 직업이라고 규정되어 있습니다. 쉽게 말하면, 변호사는 소송을 포함한 다양한 법률 문제를 해결하는 일을 합니다. 저는 개인적으로 변호사는 '문제를 해결하는 사람'이라고 생각해요. 세상에는 다양한 문제가 있고, 그 문제들이 너무 복잡하거나 이해관계가 엇갈릴 때 사람들은 스스로 해결하지 못하는 단계에 이르면 법을 찾게 됩니다. 이때 문제를 '법'과 '상식'으로 해결하는 데 앞장서는 사람이 바로 변호사입니다.

편 변호사가 문제를 해결하는 대표적인 방법은 무엇인가요?

김 '소송'입니다. 소송은 법적인 문제를 해결하기 위한 중요한 절차입니다. 소송이란 법원에 가서 법적인 판단을 받는 과정을 말하며, 주로 민사소송, 행정소송, 형사소송으로 나눌 수 있습니다.

먼저, 민사소송은 개인 간의 분쟁을 해결하는 과정입니다. 예를 들어, 친구에게 돈을 빌려줬는데 갚지 않는 경우가 있을 수 있습니다. 이럴 때, 돈을 빌려준 사람은 법원에 소송을 제기하여 돈을 돌려받기 위한 절차를 밟습니다. 민사소송에서는 소송을 제기한 쪽을 '원고'라고 하고, 소송을 당한 쪽을 '피고'라고 부릅니다. 원고와 피고 모두 변호사를 선임하여 소송을 진행할 수 있으며, 변호사는 각자의 주장을 법원에 전달하고 필요한 서류를 준비하는 역할을 합니다.

다음으로, 행정소송은 개인과 정부 기관 사이의 갈등을 해결하기 위한 것입니다. 예를 들어, 시청(도청, 구청 등 행정기관)에서 내린 결정에 불만이 있는 경우, 개인은 그 결정을 취소하거나 변경해 달라고 법원에 요청할 수 있습니다. 행정소송은 일반적으로 절차가 복잡하고 어렵기 때문에 변호사의 도움이 필요한 경우가 많습니다. 변호사는 행정기관의 결정에 대한 법적 주장을 대신하고, 소송에 필요한 서류를 작성하며, 증인을 부르거나 상대방의 주장을 반박하는 등의 역할을 합니다.

마지막으로, 형사소송은 범죄가 발생했을 때 국가가 대신 소송을 제기하는 경우입니다. 이때는 검사가 국가를 대표하여 범죄자를 처벌해 달라고 법원에 요청합니다. 형사소송에서는 소송을 제기하는 주체가 검사이며, 소송을 제기당한 사람은 '피고인'이라고 합니다. 이 경우 변호사는 피고인의 변호인 역할을 담당하며, 피고인의 권리를 보호하고 그를 방어하는 일을 합니다.

이렇게 각 소송의 종류에 따라 변호사의 역할이 달라지며, 변호사는 당사자를 대신하여 법적 주장을 하고, 법정에서 실질적인 활동을 수행합니다. 소송은 개인의 권리를 보호하고 분쟁을 해결할 수 있는 중요한 수단이 됩니다.

편 소송 이외의 업무도 있나요?

김 변호사는 법률 전문가로서 다양한 역할을 수행하며, 그중 하나가 바로 공증 업무입니다. 공증이란 특정 사실이나 법률 관계가 실제로 존재함을 공식적으로 증명하는 과정입니다. 이를 통해 나중에 발생할 수 있는 분쟁이나 다툼을 예방할 수 있는 법적 기반을 마련하게 됩니다. 예를 들어, 부동산 거래나 계약 체결 시 공증을 통해 해당 거래의 신뢰성을 보장받을 수 있습니다. 이는 향후 법적 분쟁이 발생했을 때 중요한 증거로 작용할 수 있습니다.

변호사는 또한 기업 자문, 계약서 검토, 법률 상담 등 다양한 분야에서 활동합니다. 기업 자문은 기업이 운영되는 과정에서 마주치는 법적 문제에 대한 조언을 제공하는 것으로, 법률적 위험을 최소화하고 사업의 성공을 지원하는 역할을 합니다. 계약서 검토는 기업 간 또는 개인 간의 계약이 법적으로 유효

하고, 모든 당사자의 권리가 적절히 보호되도록 하는 과정입니다. 변호사는 계약의 세부 사항을 자세히 검토하여 불리한 조항이 없는지를 확인하고, 필요한 경우 수정 사항을 제안합니다.

또한, 변호사는 법률 상담을 통해 개인이나 기업이 겪는 다양한 법적 문제에 대한 조언을 제공합니다. 이러한 상담은 법적 판단을 내리기 전에 충분한 정보를 바탕으로 결정할 수 있도록 돕습니다. 변호사는 법률적 지식을 바탕으로 고객의 상황에 맞는 최선의 해결책을 찾아주는 역할을 합니다.

변호사의 역할은 이 외에도 법률 연구와 공직 등 다양한 영역에 걸쳐 있습니다. 법률 연구는 새로운 법률이나 판례를 분석하고, 이를 통해 법적 쟁점을 이해하고 해결책을 제시하는 작업입니다. 공직에서 변호사는 정부나 공공기관의 법률 고문으로 활동하며, 공공의 이익을 위해 법률적 조언을 제공합니다.

이처럼, 세상에 법이 적용되지 않는 분야는 거의 없기 때문에 변호사는 매우 다양한 분야에서 활동할 수 있는 무한한 가능성을 가진 직업입니다. 법률의 복잡성과 사회의 변화에 따라 변호사의 역할도 계속 발전하고 있으며, 이는 법조계의 전문성이 더욱 중요해지는 이유이기도 합니다. 변호사는 법률

✎ 검사로 임관하면서 법조인의 삶을 시작했습니다.

지식을 통해 사회의 정의를 실현하고, 개인과 기업이 법적인 문제를 효과적으로 해결할 수 있도록 지원하는 중요한 역할을 맡고 있습니다.

변호사의 전문 분야가 따로 있나요

편 특정 분야를 전문으로 하는 변호사들이 있던데요.

김 예전에는 민사재판을 주로 하거나 형사재판을 주로 하는 정도로 분야를 나누었어요. 그런데 사회가 발전하고 다양화함에 따라 사건도 다변화되고 전문화되면서 이제는 특정 분야에 대한 전문 지식을 갖춘 특화된 변호사가 필요해지고 있습니다. 그래서 2009년 대한변호사협회는 '변호사 전문 분야 등록에 관한 규정'을 만들었습니다. 관련 법률이 없어 제도로 정착된 것은 아니지만 대한변호사협회의 자체 심사를 거쳐 변호사의 전문 분야를 인정하는 것입니다.

예를 들어, 부동산 문제만 전문적으로 다루는 변호사, 의료사고 관련 사건만 주로 맡는 변호사, 정보보안이나 IT 관련 법률을 전문으로 다루는 변호사 등입니다. 대한변호사협회는 변호사들이 일정한 기준을 충족하면 '전문 분야 등록'을 할 수 있도록 하고 있습니다. 등록 요건은 법조 경력이 3년 이상일 것, 최근 3년 이내 협회가 인정하는 연수를 받았거나 해당 전문 분야 관련 교육을 14시간 이상 이수할 것, 최근 3년 이내에 전문 분야별 요구되는 사건수임 건수 이상의 사건을 수임할 것입니다. 현재는 부동산, 건설, 의료, 인수합병M&A, 증권, 금융,

보험, IT, 공정거래, 정보통신, 이혼, 상속, 조세, 특허, 상표 등 62개 분야가 정해져 있으며, 변호사들은 이 중 자신이 전문적으로 활동하는 분야를 선택하여 등록할 수 있습니다.

편 전문 분야를 등록해야 전문 변호사로 인정받는 것인가요?

김 등록한 변호사만 전문성을 인정받는 것은 아닙니다. 등록하지 않고도 전문 변호사로 활동하는 데 문제가 없어요. 실제로는 등록 여부보다 더 중요한 것이 경험과 전문성입니다. 전문 분야를 인정받는 방법은 여러 가지가 있어요. 먼저 오랜 시간 한 분야의 사건을 많이 맡아본 변호사는 자연스럽게 그 분야에 대해 전문성을 갖게 됩니다. 예를 들어, 의료 관련 사건을 계속 다루다 보면 의료 시스템이나 의학 용어, 병원 운영 방식 등에 대해 깊이 이해하게 되니까 전문성을 가질 수밖에 없지요. 이렇게 경험적으로 전문성을 확보하는 경우도 있고, 다른 한편으로는 공부와 연구를 통해 전문성을 높이는 방법도 있습니다. 어떤 변호사들은 특정 분야에 대해 더 깊이 공부하기 위해 대학원에 진학하거나, 관련 학위를 취득하기도 해요. 이런 경우는 변호사가 된 후에 관심 있는 분야 전문성을 갖추는 거예요. 반대로 관련 자격증(예: 세무사, 회계사, 약사 등)을 가진 사람이 변호사 자격을 취득해 전문 지식을 활용해 더 특화된 법

전문분야 등록신청 분류표 출처 : 대한변호사협회

순번	전문분야	순번	전문분야
1	민사법	32	공정거래
2	부동산	33	방송통신
3	건설	34	헌법재판
4	재개발·재건축	35	환경
5	의료	36	에너지
6	손해배상	37	수용 및 보상
7	교통사고	38	식품·의약
8	임대차관련법	39	노동법
9	국가계약	40	산재
10	민사집행	41	조세법
11	채권추심	42	법인세
12	등기·경매	43	관세
13	상사법	44	상속증여세
14	회사법	45	국제조세
15	인수합병	46	지식재산권법
16	도산	47	특허
17	증권	48	상표
18	금융	49	저작권
19	보험	50	영업비밀
20	해상	51	엔터테인먼트
21	무역	52	국제관계법
22	조선	53	국제거래
23	중재	54	국제중재
24	IT	55	이주 및 비자
25	형사법	56	해외투자
26	군형법	57	스포츠
27	가사법	58	종교
28	상속	59	성년후견
29	이혼	60	스타트업
30	소년법	61	학교폭력
31	행정법	62	입법

법과 상식으로 사회정의를 실현하는
변호사

률서비스를 제공하기도 합니다. 실제로 의사 자격을 가지고 의료소송을 전문으로 하는 변호사나, 회계사 출신으로 기업 회계와 관련된 사건을 전문적으로 다루는 변호사도 있습니다.

🟦편 시대의 변화로 변호사도 특정 분야의 전문성이 요구된다는 말씀이네요.

🟦김 사회가 발전하는 속도는 빠른데 법은 앞서가는 사람들의 이해관계나 범죄의 뒤를 따라가는 측면이 있어요. 사람들은 일상적으로 비트코인을 주고받고 있지만, 이러한 활동에 대해 세금은 어떻게 부과할 것인지에 관한 법은 나중에 만들어집니다. 또 비트코인을 통한 불공정 거래를 어떻게 규율할지도 상당 기간 공백으로 남아 있었어요. 이렇게 시대가 변할 때 비트코인의 본질을 잘 이해하고 법적 논의를 선도한다면 변호사로서 상당한 경쟁력을 가질 수 있겠지요.

🟦편 전문 분야가 있으면 그 분야의 사건만 수임하는 건가요?

🟦김 전문 분야를 등록했다고 해도 현실적으로 그 분야의 사건만 다루는 변호사는 드물어요. 전문 분야의 사건이라 해도 그 사건과 연관된 다른 사건들이 있기 마련이고, 전문 분야의 지식만으로 실무를 할 수도 없습니다. 그 분야를 좀 더 전문적으

로 한다는 것이지 다른 분야의 사건을 맡지 않는다는 의미는 아니에요. 다만 해당 분야의 전문성을 부각해 다른 변호사들과의 경쟁에서 우위를 점하는 효과를 볼 수는 있습니다. 또한, 대부분의 전문 분야는 그것만 하기에는 사건이 그렇게 많지 않은 편이에요. 그래서 현실적으로 전문 분야를 주력으로 하되 다른 분야의 사건도 수임합니다. 물론 특정 전문 분야만 수임하는 변호사들도 있습니다. 예를 들어, 이혼 사건의 경우 그 수가 많기에 이혼 사건만 전문적으로 하는 변호사들을 쉽게 찾아볼 수 있습니다. 또, 부동산이나 금융 등 특정 전문 분야의 업무만 다루고 다른 분야의 사건은 맡지 않는 경우도 있어요.

변호사 자격이 있어야 검사나 판사도
될 수 있는 건가요

편 변호사와 검사, 판사를 통틀어 법조인으로 부르는데요. 검사와 판사가 되려면 먼저 변호사가 되어야 하는 건가요?

김 변호사는 하나의 직업이기도 하지만 동시에 법률 관련 업무를 할 수 있는 자격을 의미합니다. 사법시험이 시행되던 시기에는 합격자들이 모두 사법연수원에서 일정 기간 교육을 받고 성적이 우수한 사람 중 일부를 판사, 검사로 임용하고 나머지 사람들이 변호사가 되었어요. 사법시험이 폐지된 후에는 법학전문대학원 졸업 후 변호사자격시험에 합격하면 변호사 자격을 취득합니다. 판사나 검사가 되려면 반드시 변호사 자격이 있어야 하므로 법조인의 출발점이 변호사라고 볼 수 있습니다.

편 판사는 어떻게 될 수 있는지 알려주세요.

김 법원에서 판결을 내리는 사법기관의 구성원을 법관이라고 해요. 법관에는 대법원장, 대법관, 일반 판사가 있습니다. 우리가 흔히 '판사'라고 하면 일반 법관을 말합니다. 판사는 재판을 통해 분쟁을 해결하고 결론을 내리는 사람입니다. 어떤 사건이 법원으로 넘어오면 판사가 사건을 조사하고 양쪽 이야기를 들은 뒤, 누구의 말이 법에 맞는지 판단하여 결론을 내립니다. 예를 들어, 누군가 돈을 돌려달라고 주장하는데, 상대방은 줄 이유가 없다고 한다면 판사는 두 사람의 주장을 듣고 법에 따라 어느 쪽이 맞는지 결정합니다. 대법원장과 대법관은 나라 전체의 재판 기준을 정하고, 판결이 잘 이루어졌는지를 판단합니다. 판사로 일하려면 변호사·검사 등 일정 기간 법조 경력을 쌓아야 합니다. 현재는 5년 이상의 법조 경력을 쌓은 사람 가운데서 판사를 임용하고, 대한민국에는 약 3,200명의 법관이 있습니다. 대법원장과 대법관의 임기는 6년이고 판사의 임기는 10년인데, 대법원장은 중임할 수 없으나, 대법관과 판사는 연임할 수 있어요. 대법관의 정년은 70세이고 판사의 정년은 65세입니다. 재판을 통해 법의 기준을 세우고 사람들 사이의 갈등을 공정하게 해결하는 것이 판사의 가장 중요한 역할입니다.

편 법관은 왜 먼저 법조인 경력을 먼저 쌓아야 하나요?

김 이런 제도가 도입되기 전에는 사법연수원 수료생 중에서 성적 우수자를 법관으로 바로 선발했습니다. 그래서 20대 초중반에 판사가 되는 것도 가능했어요. 하지만 연수원을 갓 수

료한 젊은 판사들이 경험이 부족해 국민의 상식이나 법 감정을 제대로 반영하지 못한다는 지적이 꾸준히 나오면서 2013년에 제도가 바뀐 것입니다.

편 법조인 경력은 어떻게 쌓아야 하나요?

김 법무법인이나 법률사무소 등에서 변호사로 일하거나 재판연구원이 되어 일한 후 변호사로 경력을 쌓는 방법이 있습니다. 재판연구원로클럭 Law Clerk은 각급 법원에서 법관의 업무를 보조하는 계약직공무원이에요. 3년간 법원에서 근무하며 판결문 초안 작성, 사건 검토 보고서 작성, 재판 참관 등의 업무를 수행합니다. 주로 판사 임용을 목표로 하거나 법원에서 경력을 쌓고자 하는 사람들이 지원하고, 3년 계약이 끝난 후 나머지 2년의 법조인 경력을 채우면 판사 임용에 지원할 수 있습니다.

편 다른 법조인인 검사도 궁금합니다. 검사의 역할은 무엇이고, 어떻게 될 수 있는지 알려주세요.

김 검사는 국가기관인 검찰청에 소속된 공무원으로 법을 집행하는 역할을 합니다. 특히 범죄가 일어났을 때 수사를 지휘하고 재판을 시작하는 사람입니다. 이렇게 형사소송을 시작하

고위공직자범죄수사처검사 임명장 수여식

일자 | 2023. 6. 27.(화)　　　장소 | 대회의실　　　🅣 고위공직자범죄수사처

📝 변호사 활동을 하다가 공수처 검사로 임관하게 되었습니다.

법과 상식으로 사회정의를 실현하는
변호사

는 것을 '기소'라고 합니다. 검사는 경찰이 수사한 사건을 검토해 기소할지 말지를 판단하고, 법정에서는 국가를 대표해 범죄자에게 어떤 처벌이 필요한지 주장합니다. 형사소송에서 검사는 항상 등장하며, 법정에서는 변호사와 맞서게 되는 경우도 많습니다. 예전에는 검사에게 수사권과 기소권이 모두 있었기 때문에 강력한 권한을 갖고 있었지만, 최근에는 검사의 직접 수사 권한은 많이 줄어든 상태입니다. 그럼에도 불구하고 검사는 여전히 형사절차 전반을 주도하며, 인권을 보호하고, 법이 공정하게 집행되도록 감시하는 중요한 역할입니다. 검사도 판사와 마찬가지로 변호사 자격을 갖춘 사람으로 검사시험에 통과해야 합니다. 현재 우리나라에는 약 2,300명 정도의 검사가 있습니다.

이처럼 변호사, 검사, 판사는 서로 다른 위치에서 법을 다루지만, 모두 법을 통해 사회정의를 실현하는 중요한 역할을 맡고 있습니다. 여러분이 법조인의 길을 고민하고 있다면 자신의 성향에 따라 어떤 역할이 더 잘 맞을지 생각해 보면서 꿈을 키워 나가시길 바랍니다.

변호사라는 직업은 언제부터 있었나요

편 변호사라는 직업은 언제부터 있었나요?

김 고대 그리스 시대에 아테네에서는 시민들이 어떤 문제에 대해 의견을 주장하고 사람들과 토론했다는 기록이 남아 있습니다. 거기에는 누군가의 무죄를 변론하거나, 유죄라는 것을 논리적으로 주장하는 것도 포함되었습니다. 그래서 누군가를 대신해 변론하는 일은 고대 그리스 시대부터 시작되었다고 볼 수 있습니다. 하지만 변론을 직업적으로 하는 사람은 없었어요. 직업으로 삼으려면 보수를 받아야 하는데, 보수를 받고 타인을 변호하기 시작한 것은 로마 시대였어요. 로마는 '법의 나라'요, '재판의 나라'입니다. 현대 유럽 여러 나라가 로마법을 기초로 법률의 체계를 세웠고, 지금도 법이념을 공부하는 사람들에게 로마법은 큰 영감을 주고 있어요. 법이 발전한 로마에는 법학을 배운 전문적인 법학자들을 비롯한 법률가들이 많이 있었습니다. 현대와 마찬가지로 개인 간에 갈등이 생기면 소송절차에 따라 재판을 열 수 있었고, 변론할 변호사를 선임할 수 있었어요. 초기에는 변론하는 사람이 무료로 변론해야 한다는 법이 있었는데, 나중에는 수임료를 받게 되었어요. 그러니까 변호사가 하나의 직업이 된 것은 로마 시대라고 볼 수 있습니다.

편 우리나라는 어떤가요?

김 우리나라는 서양의 사법제도가 도입된 1905년 변호사법과 변호사 시험 규칙이 공표되어 변호사제도가 확립되었고, 이듬해인 1906년 세 사람이 최초의 변호사로 배출되어 활동을 시작했습니다. 그렇다고 이전에 사법제도가 없었다는 뜻은 아닙니다. 조선시대에도 소송이 있었기 때문에 변호사의 역할을 하는 사람들이 있었습니다. 조선시대에는 각종 거래나 소송이 문서를 통해 이뤄졌습니다. 문서를 쓰려면 한자를 알아야 하고, 또 문서의 형식과 내용을 지켜야 하는데, 이런 지식이 있는 사람이 드물었기 때문에 일반 백성들이 소송을 진행하는 것이 어려웠어요. 그에 따라 거래나 소송을 대신해 줄 사람을 고용해 소송했는데, 그것을 고용대송(雇傭代訟)이라고 하고, 이 일을 하는 사람들을 '외지부(外知部)'라고 불렀습니다. 이 사람들이 대가를 받고 소장을 대신 작성해 주거나 법률 자문을 통해 소송에서 이길 수 있도록 도움을 주었어요. 그런데 때때로 사람을 부추겨 소송을 일으키거나, 법률 조문을 마음대로 해석해 옳고 그름을 뒤바꾸어 송사를 어지럽히고, 문서를 위조하는 일까지 벌여 큰 물의를 일으키기도 했습니다. 결국 성종 때인

1478년 외지부를 금지하게 되었어요. 하지만 외지부가 완전히 없어진 것은 아니었고, 조선 후기까지 숨어서 활동했던 것으로 보입니다. 이렇게 고용대송을 했던 외지부가 현대의 변호사 역할을 했다고 볼 수 있습니다.

김윤보(1865~1938)의 <형정도첩(刑政圖帖)> 일부. 백성들이 관에 소장을 내는 모습이 그려 있다.
출처 : 국립중앙박물관

LAWYER

변호사의 세계

민사소송에서 변호사는
어떤 역할을 하나요

편 민사소송에서 변호사는 어떤 역할을 하는지 알아보려고 합니다. 그전에 사람들은 어떤 때 소송을 제기하는지 궁금해요.

김 다른 사람과 갈등이 발생한다고 곧장 법의 판결을 받으려는 사람은 드물어요. 처음엔 당사자끼리 잘해보자고 의견도 나누고 합의도 합니다. 그런데도 문제가 해결되지 않고 더 커지면 서로의 신뢰가 깨지고 갈등이 심각해져서 당사자끼리 해결할 수 없는 단계에 이릅니다. 그때는 같은 부류의 문제를 해결했던 관례를 찾아보기도 하고, 제삼자를 사이에 끼워 중재해 보려는 노력도 하지요. 그런데 문제가 첨예화되면 결국엔 소송까지 가게 됩니다. 이렇게 개인과 개인 사이에 문제가 발생했을 때 우리 사회는 법에 따라 문제를 해결하게 되어 있습니다. 갈등이 첨예화되다 보면 누군가는 판단을 해줘야 문제가 해결되는데, 이때 실체적으로나 절차적으로 법에 근거해야해요. 그래서 법을 잘 아는 변호사가 나서서 문제를 해결하는 거예요.

편 민사소송에서 변호사는 어떤 역할을 하나요?

김 민사사건에서 변호사는 소송 당사자의 소송을 대신해 주는 사람이라는 뜻으로 소송대리인이라고 합니다. 법은 상식에 기반을 두고 있지만, 실제로는 매우 복잡하고 전문 지식을 요구합니다. 예를 들어, 자동차가 엔진이나 전기로 움직인다는 사실은 누구나 알고 있지만, 자동차가 고장 나면 전문가인 정비사를 찾아가야 제대로 수리할 수 있습니다. 법도 마찬가지예요. 단순한 상식만으로 문제를 정확하게 해결하기 어렵기 때문에 법을 잘 아는 전문가인 변호사가 필요한 거지요. 변호사는 법원의 판사가 궁금해할 쟁점이 무엇인지, 어떤 논리로 설득해야 하는지를 누구보다 잘 알고 있어요. 또 주장을 언제, 어떤 방식으로 해야 가장 효과적인지도 경험을 통해 알고 있기 때문에 소송의 당사자를 대리해서 문제를 해결할 수 있습니다.

민사소송은 어떤 절차로 진행되나요

편 민사소송은 어떤 절차로 진행되나요?

김 민사소송은 소장의 접수 → 소장부본의 전달 → 답변서의 제출 → 증거 및 준비서면 제출 → 조정기일 또는 변론기일의 지정 → 변론 → 판결 선고의 절차를 따릅니다. 1심 판결에 불복하면 항소심이나 상고심 절차를 진행할 수 있습니다. 민사재판에서는 소를 제기한 쪽을 원고, 소를 당한 쪽을 피고라고 불러요. 여기서는 원고의 대리인인 변호사가 소송의 절차에 따라 하는 일을 설명할게요.

민사재판의 시작은 소장의 접수인데, 변호사가 소장을 작성하고 법원에 제출하면 재판이 시작됩니다. 소장은 민사소송법과 민사소송규칙이 정한 형식에 맞추어서 작성되어야 합니다. 요즘은 거의 전자소송을 이용하고, 전자소송에는 정해진 양식이 있으므로, 그에 맞춰 작성해야 합니다. 특히 소장을 작성할 때 청구취지 형식에 맞게 기재하는 것이 매우 중요합니다. 청구취지는 소장의 결론을 짧게 요약한 것으로 원고가 소송을 통해 달성하고자 하는 목적을 표현한 것입니다. 청구원인은 소송을 제기하는 이유와 경위, 문제가 발생한 원인 등을 상세히 설명하는 것을 말하는데, '요건사실'에 맞게 써야 합니다.

요건사실은 법률효과가 발생하기 위한 일정한 요건들을 말합니다. 소장에는 증거자료도 첨부해야 하는데요. 예를 들어, 빌려준 돈을 받기 위한 소송이라면 차용증이나 영수증, 은행 송금 확인서 등의 자료를 증거자료로 제출하면 됩니다.

(편) 소장을 접수한 다음에는 어떤 일을 하나요?

(김) 소장이 접수되면 법원은 피고에게 그 부본(원본과 동일한 문서)을 송달합니다. 피고가 원고의 청구에 대하여 다른 주장이 있는 경우에는 소장 부본을 송달받은 날로부터 30일 이내에 답변서를 제출하여야 합니다. 피고가 답변서를 제출하지 않으면 피고의 주장을 듣지 않고 판결이 선고될 수 있습니다. 재판은 앞에서도 말했듯이, 당사자가 주장한 것을 바탕으로 판사가 판단하는 거예요. 그래서 피고가 아무런 답변을 하지 않으면, 원칙적으로는 원고 말이 맞다고 보고 판단하게 되는 거죠. 보통 소장을 받은 피고는 소장을 들고 변호사를 찾아가 대책을 마련하게 됩니다. 피고가 답변서를 제출하면 이제 원고와 피고가 자신들의 주장이 옳다는 것을 뒷받침하는 증거를 법원에 제출해야 합니다. 그러나 상대방이 다투지 않는 사실에 관한 증거는 제출할 필요가 없습니다. 이렇게 주장과 증거를 제출하고 의견을 제시하는 것을 변론이라고 합니다. 우

리나라 민사재판에서는 재판 날짜 7일 전까지 변론에서 어떤 말을 할지 정리한 서면을 제출해야 해요. 이것을 흔히 '준비서면'이라고 하죠. 그리고 재판 기일이 잡히면 그때는 법정에 직접 나가야 하는 거예요.

편 재판은 어떻게 마무리 되나요?

김 변론을 마치고 더 이상 다른 변론이 없을 때 재판이 끝납니다. 마지막에 판사가 관련된 자료를 가지고 판결문을 쓰고 선고하는 절차를 진행합니다. 판결이 났다고 변호사가 할 일이 끝난 것이 아니에요. 판결문에 따라 피고가 원고에게 얼마를 주어야 하는데, 피고가 돈이 없다면 법원의 판결이나 명령을 실현하는 집행 절차를 할 수가 없어요. 그래서 소장을 작성할 때는 집행 절차를 생각해서 미리 가집행을 할 수 있게 해달라는 내용을 함께 적어 둡니다. 가집행은 재판이 2심, 3심까지 진행될 때를 대비한 것으로, 1심 판결이 난 후 3심까지 기다리지 않고 먼저 집행하는 것을 말합니다. 원칙적으로 판결은 3심이 끝난 후 판결의 효력이 생깁니다. 그런데 몇 년이 걸릴지도 모르는데 마냥 기다릴 수만은 없기 때문에 대부분은 1심 판결을 내리면서 가집행할 수 있도록 해줍니다.

소 장

원 고

피 고

매매대금반환 청구의 소

청 구 취 지

1. 피고는 원고에게   원 및 이에 대하여   부터 소장 부본 송달일까지는 연 5%의, 그 다음날부터 다 갚는 날까지 연 15%의 각 비율에 의한 금원을 지급하라.

2. 소송비용은 피고가 부담한다.

3. 제1항은 가집행할 수 있다.

라는 재판을 구합니다.

편 판결이 나기까지 시간이 얼마나 걸리나요?

김 소장의 부본을 송달받은 피고가 답변서를 제출하지 않으면 몇 달 이내에 재판이 끝나기도 하지만 보통 1심은 1년 이상 진행되는 경우도 많습니다. 1심판결에 불만이 있는 경우에 항소하면 2심 재판을 받을 수 있고, 2심판결에 또다시 중요한 법률적 다툼이 있어 상고를 하면 대법원에서 최종적으로 재판을 받을 수 있습니다. 이렇게 된다면 최종 판결이 날 때까지 5~6년 이상 걸리는 사건도 있습니다. 이처럼 재판이 늦어지는 것은 바람직하지 않기 때문에, 법원도 최근 이를 해소하기 위해 다양한 노력을 기울이고 있습니다.

소송을 제기하지 않고 문제가 해결되기도 하나요

편 소송을 제기하기 전에 변호사와 상담하면서 문제를 해결하는 경우도 있나요?

김 민사소송은 돈 문제인 경우가 많습니다. 예를 들어 사업을 하는 사람이 있다고 해봅시다. 사업이 잘될 때는 사람들과 잘 지낼 수 있어요. 그런데 사업이 잘못되거나 관계가 틀어지기 시작하면 그전까지 서로 양해하던 것도 원칙대로 하자든가 계약대로 하자고 합니다. 그게 지켜지지 않으면 갈등이 심화되고, 당사자끼리 해결할 수 없을 것 같을 때 변호사를 찾아오죠. 변호사는 먼저 갈등 당사자끼리 협의를 볼 수 있도록 조정안을 제안하고, 또 변호사가 상대측과 직접 협상을 시도해 봅니다. 사람들은 계약 조건을 자신에게 일방적으로 유리하게 해석하거나, 감정적으로 접근하는 경우가 많습니다. 그럴 때 변호사가 법리를 따져 어느 쪽이 어느 정도의 과실이 있고, 책임은 어느 정도 선에서 질 수 있다고 판단해 협상할 기회를 제공합니다. 이 단계에서 갈등 당사자들이 합의를 본다면 소송하지 않고 문제가 해결됩니다. 그런데 이미 갈등이 극단에 달해 감정적으로 합의를 시도할 단계를 넘어섰다면 소송을 준비하고 재판으로 가게 됩니다.

민사소송을 준비할 때
주의해야 할 것은 무엇인가요

편 민사소송을 준비할 때 주의해야 할 것이 있나요?

김 의뢰인의 대리인인 변호사는 소장을 잘 써야 합니다. 소장은 쉽게 말하면 재판을 통해 요구하는 내용과 그 이유를 쓰는 것으로 재판을 청구하는 사람의 주장이 명확히 드러나야 합니다. 판사는 원칙적으로 당사자가 주장한 것만 판단하기 때문입니다. 예를 들어 1천만 원을 빌려주었는데 받지 못했다면, 피고에게 원금 1천만 원과 이자를 갚고 소송 비용을 내라고 주장하는 거예요. 그에 따라 판사는 원금과 이자, 소송 비용에 대해 판단합니다. 그런데 소장에 원금만 갚으라고 썼다면 판사는 원금에 대한 것만 판단하고 이자와 소송 비용은 판단하지 않아요. 그러면 이자와 소송 비용에 대한 분쟁이 또 발생하는 거예요. 그렇기 때문에 소장을 쓸 때는 주장을 명확히 밝혀서 쓰는 것이 중요합니다. 또, 판결이 나면 이를 집행하는 것도 중요합니다. 집행이 안 되는 판결문은 그냥 종이에 불과해요.

편 소송을 준비하면서 재판 결과 이후도 대비해야 하는 거네요.

김 재판 결과 원고가 피고에게 돈을 받아야 하는데, 재판이 열리는 동안 피고가 재산을 처분하는 등 갚을 돈이 없을 수 있어요. 이렇게 되면 원고는 재판에서 이겼더라도 원하는 결과를 얻지 못하는 거예요. 그래서 소송을 시작할 때 상대방이 임의로 재산을 처분하지 못하도록 가처분이나 가압류를 거는 거예요. 가처분이나 가압류는 법원이 채권자를 위하여 나중에 강제 집행할 목적으로 채무자의 재산을 임시로 확보하는 것을 말합니다. 채무자가 강제 집행을 하기 전에 재산을 숨기거나 팔아 버릴 우려가 있는 경우에 할 수 있어요.

그리고 앞에서 설명한 가집행에 대해서도 생각해 보아야 합니다. 판결문에 가집행을 할 수 있다고 기재되어 있으면 1심이나 2심이 끝난 후 아직 확정되지 않아도 집행할 수 있어요. 3심까지 모두 끝나지 않더라도 돈을 받을 수 있게 되는 거죠.

주장한 것만 판단한다는
의미는 무엇인가요

편 민사소송에서는 소송 청구인이 주장한 것만 판단한다고 하셨어요. 그 의미는 무엇이고, 왜 그렇게 하는 것인가요?

김 왜 그런지 이해하려면 민사소송의 원칙을 알아야 합니다. 민사소송은 '처분권주의(處分權主義)'와 '변론주의(辯論主義)'의 원칙이 적용됩니다. 사법상의 법률관계는 개인의 자유로운 의사에 따라 결정되어 자기책임 아래 있어야 하며, 개인의 권리 행사는 원칙적으로 국가가 개입하거나 관여하지 않는다는 근대 사법의 원칙을 '사적자치(私的自治) 원칙'이라고 합니다. 이 원칙이 소송법에서 구현된 것이 처분권주의와 변론주의입니다.

처분권주의란 절차의 개시, 심판의 대상, 절차의 종결을 당사자에게 맡기는 원칙을 말합니다. 예를 들어 지인에게 돈을 빌려줬는데 갚지 않는 때 지인을 상대로 소송을 제기할지 말지, 빌려준 돈 중에서 얼마를 갚으라고 할지, 소송 도중에 마음이 바뀌어 소를 취하하고 없던 일로 할지 등은 모두 당사자 본인이 결정해야 할 문제입니다. 법원은 당사자의 의견을 존중할 뿐, 소를 제기하라거나, 빌려준 돈 일부만 받으려는 사람에게 전부 받으라고 판결한다거나, 중간에 소를 취하하려는 사람에게 소송을 계속 진행하라고 간섭할 수 없습니다. 어느 드라마에서 부모님의 강요로 소를 제기했던 당사자가 변호사에게 어떻게 하면 소를 취하할 수 있겠냐고 묻는 장면이 있었습니다. 그때 변호사는 법정에서 "소를 취하하겠습니다."라고 말만 하면 된다고 알려줍니다. 매우 간단한 방법인데요. 처분권주의에 따라 당사자가 주장하면 되는 것입니다.

변론주의란 당사자가 권리 발생 및 소멸 등에 관한 주요 사실을 주장하고 이를 뒷받침하는 증거 등 자료를 수집하여 제출할 책임이 있고, 당사자가 수집하여 변론에서 제출한 자료만을 재판의 기초로 삼을 수 있다는 원칙을 말합니다. 앞에서 변호사가 할 일은 의뢰인에게 유리한 증거를 찾는 것이라고 했어요. 예를 들어 어떤 사고 사건을 담당한 판사가 우연히 그 사고를 목격하거나 경위를 전해 들었더라도 당사자가 증거를 제출하지 않으면 사고를 사실이라고 인정할 수 없습니다.

편 이런 원칙이 적용되는 거였군요. 그런데 법을 잘 모르는 사람들이 재판에 임할 때는 대응하기 어려운 면도 있는 것 같아요.

김 이 원칙들을 당연히 지켜야 하지만 때때로 법조인을 고민에 빠뜨리게 하는 일도 있습니다. 실제 있었던 사건의 예를 들어볼게요. 오래된 채무를 갚으라는 소송을 당한 할아버지가 있었습니다. 피고로 법정에 나온 할아버지는 사실 확인을 하기 위해 판사가 질문하자 그에 맞는 대답은 하지 않고 재판과 전혀 관계없이 본인이 살아온 이야기를 하시며 억울하다는 거예요. 사실 너무 오래된 채권이라 권리가 이미 소멸되었는데, 피고인 할아버지는 그 사실을 인지하지 못한 상태에서 억울하다는 말만 반복하고 있었어요. 이런 경우 할아버지가 "채권이 소멸된 것으로 알고 있다."라고 한마디만 하면 재판은 끝납니다. 채권이 소멸시효로 이미 사라진 상태라면 사실상 소송에서 이기기 어려운 거예요. 하지만 그 사실을 당사자가 주장하지 않으면 법원도 그에 따라 판단하기는 어려운 거죠. 그래서 판사가 할아버지에게 변호사한테 이런 경우 어떻게 되는 거냐고 물어보고 오시라고 했더니 돈이 없어서 변호사한테 갈 수가 없다고 하셨대요. 판사가 잘 설득해서 변호사를 찾아가도록 하였지만, 할아버지는 계속 투덜대며 법정을 나가셨다고 합니다. 이렇게 재판에서는 당사자가 주장 입증한 것만 판단되기에 간단해 보이는 사건도 실제 재판에 임하기 전에는 변호사와 상담하는 것이 필요합니다.

편 법을 잘 모르는 사람들, 경제적 여유가 없는 사람들은 법률서비스를 받기 어려워서 재판에 불리할 수도 있을 것 같아요.

김 소송의 금액이 적은 사건에서 꽤 많은 사람들이 변호사 등 법률 전문가의 도움 없이 소송을 혼자 진행합니다. 이런 '나홀로 소송'은 법에서 요구하는 요건을 제대로 알고 주장하면 이길 수 있는데도 몰라서 지는 경우가 많습니다. 그래서 전문가가 필요한 거죠. 하지만 경제적 여유가 없다면 여러 기관과 단체에서 무료 변론, 무료 법률 상담 서비스 등을 활용해 법률적인 도움을 받을 수 있습니다.

민사재판 과정에서
중점을 두는 일은 무엇인가요

편 민사재판 과정에서 중점을 두는 일은 무엇인가요?

김 증거를 모으는 것입니다. 주장만으로는 소송에 이길 수 없고, 적절한 증거로 판사를 설득해야 하기 때문입니다. 변호사가 소송이 시작되기 전에 여러 사실관계를 정리해서 증거를 만들어 두기도 합니다. 소송을 준비하면서 가장 먼저 변호사가 하는 일은 상대방에게 내용증명을 보내는 것입니다. 내용증명이란 발송인이 수취인에게 어떤 내용의 문서를 언제 발송하였다는 사실을 우체국이 증명하는 특수 취급 제도를 말합니다. 쉽게 말하면, 내용증명은 발송자가 어떤 내용을 언제 보냈는지를 증명해 주는 제도예요. 내용증명에 적힌 내용이 사실이라는 것까지 증명해 주는 것은 아니지만, 그 내용을 어떤 날에 누구에게 보냈는지, 그리고 실제로 전달됐는지를 우체국을 통해 확인할 수 있는 거죠.

예를 들어 채권자(돈을 빌려준 사람)가 채무자(돈을 빌려 간 사람)에게 언제 얼마를 빌려주었고, 언제까지 갚아야 한다거나, 돈을 갚을 기일이 지났으니 언제까지 갚지 않으면 법적조치를 취하겠다는 등의 내용을 적어 내용증명서를 만듭니다. 작성된 내용증명서는 보통 3부가 필요한데요. 1통은 원본이고, 2통은 등본으로 사용되어 통지한 사람과 통지를 받는 사람, 우체국이 나눠 갖습니다. 우체국은 내용증명서를 발송한 다음 날부터 3년 동안 보관합니다. 채권자가 변제기에 채권을 청구하면서 내용증명의 방법을 취할 때는 채권자의 채권 청구 사실이 우체국에 의해서 증명됩니다. 이는 채권이 소멸시효의 만료로 소멸되는지를 결정하는 중요한 역할을 합니다.

편 재판이 진행되는 과정에서도 증거 수집을 계속 해야 하나요?

김 물론입니다. 재판이 진행되는 중에도 변호사는 소송에 유리한 행위를 하거나 자료를 모아야 합니다. 사실조회나 관공서에 어떠한 자료를 보내달라고 촉탁해 자료를 확보하거나, 통신 기록을 조회하거나 은행거래 내역을 조회하는 방법도 있습니다. 예를 들어 상대방이 재산을 숨기거나 재산을 타인에게 넘긴 것이 법적으로 문제 될 때, 은행 등으로부터 금융거래정보를 얻기 위해 법원에 금융거래정보 제출 명령 신청이라는 것을 합니다. 재판이 진행되는 과정에서 새로운 자료가 있다면 그것을 확보해 제출하는데요. 이때 자료를 모으는 시간이 필요합니다. 그래서 재판 변론 기일이 여러 번 필요합니다. 또 변호사는 증인 신청을 하기도 합니다. 증인은 필요하다면 원고나 피고 양쪽에서 부를 수 있고, 판사가 직권으로 부를 수도 있습니다. 증인이 나오면 법정에서 신문이 벌어지는데 이런 경우 재판이 길어지는 거예요.

편 법정 영화나 드라마를 보면 재판정에서 변호사들이 판사를 설득하기 위해 변론을 열심히 하는 장면이 있어요. 실제로도 그런가요?

김 법정 영화를 보면 변호사들이 기일에 법정에서 옳고 그름을 다투는 장면이 많아요. 사실은 법정에서 다투는 일이 흔한 것은 아니에요. 재판은 대부분 서류 싸움입니다. 즉, 증거 싸움인 거예요. 재판 기일에 판사는 서면을 확인하는 절차를 진행합니다. 그런데 요즘엔 재판 분위기가 조금 바뀌고 있는데요. 원고와 피고가 주장하는 요지를 이야기해 보라고 하거나 법정에서 이런저런 사항에 대해서 직접 질문을 하는 판사들도 많아졌어요. 재판이 더 필요하다면 다음 기일을 잡는데, 대부분은 한 달 뒤에 다음 기일이 잡힙니다.

형사소송의 절차가 궁금해요

[편] 형사소송에서 변호사의 역할을 알아보려고 합니다. 그전에 형사소송이 무엇인지 먼저 알아야 할 것 같아요.

[김] 형사소송은 기소된 피고인에 대하여 유·무죄를 가리고, 유죄로 인정되는 경우 형벌을 과하는 재판입니다. 유죄 판결을 요구하는 검사와 방어하는 입장의 피고인이 대립하고, 법원이 누구의 주장이 더 타당한지 판단합니다. 개인이 소를 제기해 주장하는 것을 판단하는 민사소송과는 확연히 다릅니다. 그래서 형사소송의 원고는 검사이고 그 상대는 피의자 또는 피고인이 됩니다. 피의자는 범죄 혐의가 있어 수사를 받는 사람을 말하고, 법적 절차를 통해 기소된 피의자를 피고인이라고 합니다. 변호사는 이런 피의자 또는 피고인의 의뢰를 받아 변호인 역할을 하게 됩니다.

[편] 형사소송은 어디서 어떻게 시작되는 건가요?

[김] 형사소송은 수사기관인 경찰과 검찰의 수사로 시작합니다. 수사는 고소·고발과 같이 민원인이 수사기관에 범죄를 알리는 경우, 범죄를 저지른 사람이 자수한 경우 외에도 풍문이나 언론보도에 따라 범죄의 가능성이 있을 것 같은 경우, 다

른 사건을 수사하는 중에 범죄를 발견한 경우, 제보나 첩보 등으로 수사의 단서를 발견한 경우 등 수사기관에 신고가 들어오거나 범죄를 인지하면 수사에 착수할 수 있습니다. 고소·고발 사건보다 인지 사건이 약간 더 많은데요. 신고를 받고 싸움이 난 현장에 출동해 폭행하는 사람을 검거하거나 범죄 현장에서 현행범을 검거한 경우, 음주 운전 등도 인지 수사로 분류되기 때문입니다.

수사의 시작을 알리는 것은 입건입니다. 형사소송법상 검사나 경찰 등 사법기관에 사건이 정식으로 접수되어 수사가 개시되었다는 의미입니다. 입건이 되면 사건번호가 부여되고 용의자는 피의자의 신분으로 바뀌게 됩니다.

편 어떤 사건을 수사하는 건가요?

김 고소·고발이 있으면 수사가 시작됩니다. 또, 고소·고발이 없더라도 범죄 혐의가 있다고 판단되면 수사기관이 알아서 수사를 진행하는 인지 사건도 있습니다. 이렇게 수사를 시작하는 것을 '입건'이라고 합니다. 누군가 경찰서에 가서 신고한다고 모두 고소·고발로 취급되지는 않아요. 처벌의 의사가 있다는 것이 확인되어야 고소·고발로 인정되어 수사가 시작됩니다. 고소·고발하는 사람의 처벌 의사가 중요한 사건들이

형사사건 처리철차 출처 : 형사사법포탈

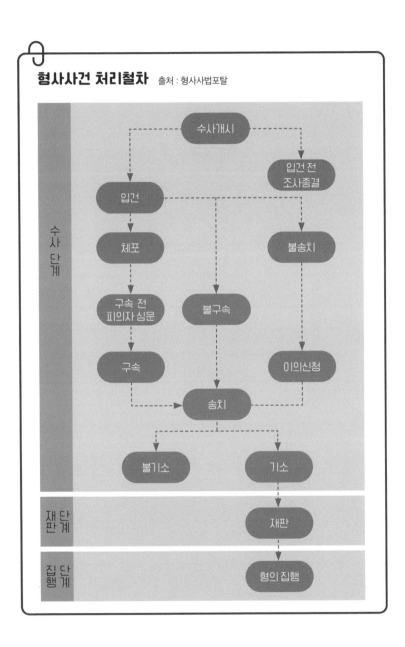

있습니다. '반의사불벌죄'는 보통의 경우에는 처벌되는 사건인데, 피해자가 처벌하지 말아 달라고 하면 처벌하지 않아요. 이런 사건들은 보통 피해자가 처벌하지 말아 달라는 의사 표시로 합의서를 제출하면 가해자를 처벌하지 않습니다. 이와 비슷하지만 조금 다른 사건도 있어요. '친고죄'는 본래는 처벌되지 않는 사건인데 피해자가 처벌해 달라고 하면 처벌합니다. 즉, 반의사불벌죄는 고소가 없어도 처벌되지만, 친고죄는 따로 고소가 없으면 처벌되지 않는 것입니다.

고소·고발할 때 주의할 것이 있습니다. 만약 허위 사실을 바탕으로 신고하면, 무고(誣告)죄로 형사처벌을 받을 수도 있다는 것입니다.

㉠ 수사의 시작은 입건이라고 하셨어요.

㉢ 공개적으로는 입건이 수사의 시작이지만, 입건 전에 범죄의 혐의가 있는지 없는지 확인하기 위한 조사 활동이 먼저 진행되기도 합니다. 이것을 예전에는 '내사'라고 했는데, 외부 통제 없이 은밀히 조사한다는 인식이 있어 경찰청은 '입건 전 조사'로 바꾸어 부릅니다. 입건 전 조사 결과 혐의가 없음이 드러나면 조사를 종결하고, 혐의가 있으면 입건됩니다. 그래서 어떤 사람이 입건되었다면 범죄 사실이 있을 가능성이 높은 경

우가 많습니다. 수사기관이 입건을 신중하게 결정하는 이유는 입건된 사람을 수사하다가 혐의가 없는 것으로 드러나면 수사를 당한 사람이 억울하기 때문입니다. 그래서 입건 전 조사 활동으로 범죄의 혐의를 어느 정도 확인한 후 입건하는 것이 통상적입니다. 그래서 입건되었다고 하면 수사기관에서 본격적으로 수사를 시작했다는 의미입니다.

편 입건 후에는 어떻게 수사를 하나요?

김 피의자를 불러 조사하기도 하고, 법원으로부터 압수수색 영장을 발부받아 증거를 수집하기도 합니다. 이때 피의자가 수사기관의 출석요구에 응하지 않으면 체포 영장을 발부받아 피의자를 구금할 수 있습니다. 뉴스에서 보면 대기업 회장이나 사회적 명성이 있는 사람들이 수사를 받으러 가는 장면이 나와요. 아무리 사회적 지위가 높은 사람이라도 수사기관에서 부르면 성실하게 조사에 응해야 하는데요. 수사기관이 조사를 받으라고 불렀는데 나오지 않으면 체포 영장을 발부받아 48시간 동안 구금할 수 있기 때문입니다. 이렇게 수사기관의 출석요구에도 나오지 않는 피의자의 경우 법원에 체포영장을 청구하면 거의 발부해 줍니다. 그래야 조사가 가능하기 때문이지요.

편 구속은 어떤 경우에 하나요?

김 피의자가 도주의 우려가 있거나 증거를 없앨 것 같으면 구속영장을 청구할 수 있습니다. 법원이 이를 판단해 구속영장을 발부하면 보통 10일 동안 구속한 상태에서 조사를 하고, 시간이 더 필요하다고 판단되면 연장해서 최대 30일까지 구속한 상태에서 조사를 합니다.

편 수사를 마치면 다음 단계는 무엇인가요?

김 경찰이 수사를 마치면 검찰로 송치하거나 불송치 결론을 내립니다. 보통 형사소송과 관련해서 경찰이 하는 일은 여기까지입니다. 사건이 검찰로 넘어오면 검사는 사건을 검토해 기소 또는 불기소를 결정합니다. 기소(起訴)는 소를 제기한다는 뜻으로 공소제기, 즉 재판에 부쳐 재판 절차를 진행하는 것입니다. 불기소는 검사가 사건을 수사한 결과, 재판에 넘기지 않는 것이 타당하다고 판단해 기소하지 않고 사건을 종결하는 것을 말해요. 불기소 처분은 혐의없음, 기소유예, 공소권 없음, 기소중지, 각하, 참고인중지, 죄가 안 됨의 사유에 해당할 때 내려집니다. 그런데 불기소 처분이라 해도 죄가 없다는 의미는 아닙니다. 공소권 없음은 피의자의 죄는 인정되지만, 피의자가 사망했거나 공소시효가 지났을 때 등의 처벌할 수 없는 사유가 있는 경우입니다. 또한, 기소유예는 범죄는 인정되지만, 여러 사정을 고려해 처벌하지 않는 경우로, 초범이고 반성하는 등 참작 사유가 있을 때나 피해자와 합의 후 피해자가 선처를 원하고 있는 등의 사유로 검사 차원의 선처인 셈입니다. 그러나 나중에 새로운 증거가 밝혀진다거나 검사가 꼭 처벌받도록 하겠다고 마음먹는다면 다시 사건화되어 기소될 수 있습니다.

편 기소되면 재판이 시작될 텐데, 그 과정에서 변호사가 하는 일은 무엇인가요?

김 피고인을 도와 억울함과 자신의 정당함을 주장할 수 있습니다. 사실, 기소가 되었다는 것은 유죄를 입증할 증거가 있다는 것으로 무죄 판결을 받을 확률이 높지 않아요. 변호사는 무죄를 주장하거나 유죄가 날 경우, 형을 낮춰서 선고해 달라는 주장을 합니다. 무죄를 주장할 때는 검사가 제출한 증거가 적법한 절차에 의해 수집되지 않았다거나 믿기 힘들다는 것을 입증하는 데 노력하고, 양형을 주장할 때는 사건의 특성이나 피고인의 사정 등 판사가 고려할 만한 다양한 요소를 잘 정리해서 적절한 형이 선고될 수 있도록 노력합니다.

편 재판 과정에서 변호사의 역할이 소극적으로 느껴지는데, 왜 그런가요?

김 형사소송의 특징이 그렇습니다. 민사소송은 원고와 피고가 5:5로 거의 대등한 싸움이에요. 그런데 형사소송의 경우 피의자가 무죄로 판결받을 확률은 얼마일까요? 언론에 검찰이 패소한 사건들이 보도되기 때문에 무죄 판결 확률이 높아 보이는데, 실제로는 3퍼센트 정도입니다. 형사소송이 진행되는 100건의 사건 중에서 3개 정도의 사건만이 무죄가 나오는 거예요. 여기서 형사소송의 특징을 확인할 수 있습니다. 검찰이 기소할 때는 유죄를 입증할 증거가 있을 때입니다. 기소한 사건 중에서 10~20퍼센트가 무죄로 나온다면 어떨 것 같으세요? 그럼, 경찰과 검찰은 일을 엄청나게 잘못하고 있는 거예요. 근거 없이 죄 없는 사람에 대해 수사를 진행하고 기본권을 침해했다면, 그것은 결국 무고한 사람을 괴롭힌 것과 다름없고, 그에 대한 책임은 매우 클 수밖에 없습니다. 그래서 피고인이 자백하고 변호사가 형량을 낮추는 것에 초점을 두는 사건들이 많은 것이 현실입니다. 이러한 사건들에서는 변호사의 역할이 소극적으로 보일 수도 있어요. 하지만, 해당 사건에서 양형의 요소가 뭐가 있는지 분석하고, 어떤 자료를 통해 효과적으로 형을 낮춰달라고 주장하는지도 중요한 변호 전략입니다. 이러한 부분을 잘하는 것도 형사 변호사의 중요한 역할이라고 생각해요.

편 형사소송도 3심제로 진행되는 거지요?

김 그렇습니다. 1심이 끝나면 7일 이내에 검사와 피고인 모두 항소할 수 있고, 2심도 마찬가지로 7일 이내에 검사와 피고인 모두 상고할 수 있습니다. 재판이 모두 끝나면 형 집행 단계로 선고된 형량만큼 처벌받습니다.

형사재판에서 변호사는
어느 단계부터 활동할 수 있나요

편 형사소송 사건의 경우 변호사는 언제부터 개입할 수 있나요?

김 수사가 예상되면 바로 변호사를 선임하는 것이 바람직하다고 생각해요. 형사사건으로 수사를 받는 사람은 수사 초기 단계인 경찰 단계에서 피의자 신분으로 조사를 받습니다. 피의자는 범죄의 혐의가 있어서 정식으로 입건되었으나 아직 공소제기가 되지 않은 사람을 말합니다. 기소되면 피고인이 되는 거예요. 피의자 대부분은 경찰로부터 조사를 받으라는 연락을 받고 나서야 자신이 형사사건에 연루되었음을 알게 됩니다. 그렇다면 처음 조사를 받을 때부터 변호사를 선임하는 것이 가장 좋습니다.

편 왜 그런가요?

김 한마디로 말하면, 수사가 진행될수록 피의자와 변호인이 취할 수 있는 대응이 점점 제한되기 때문입니다. 수사기관에 상황을 잘 설명해 수사가 더 이상 진행되지 않도록 하는 것이 가장 좋은 대응 방법입니다. 수사기관이 특정한 목적을 가지고 조사를 진행할 때는, 피의자가 적절히 방어권을 행사해 본인이 하지 않은 일로 책임을 지는 일이 없도록 하는 것이 매우 중요합니다.

수사기관, 즉 검사 또는 사법경찰관이 피의자를 출석시켜 신문하고 진술을 듣는 것을 피의자신문이라고 합니다. 수사기관에서 조사를 받으라는 통보를 받았다면 변호사와 상의해 함께 출석하는 게 좋습니다. 피의자신문은 수사기관이 피의자의 진술을 통해 직접 증거를 수집하는 절차일 뿐만 아니라, 피의자가 자기에게 유리한 사실을 주장할 기회이기도 합니다. 형사소송법에 따르면, 피의자는 경찰 조사나 신문 과정에서 변호인의 참여를 요청할 수 있고, 특별한 사유가 없는 한 수사기관은 이를 허용해야 합니다. 변호인의 참여는 피의자의 정당한 권리와 이익을 보호하기 위한 것입니다. 보통 신문을 받는 사람들은 자신이 어떤 혐의를 받는지 정확히 알지 못하는 상태에서 수사관의 질문에 어떤 의도가 있는지 모르고 대답하는 경우가 많습니다. 수사기관의 유도신문으로 자신이 하지 않은 일을 인정할 수도 있어요. 피의자는 자신의 대답이 어떠한 용도로 쓰이는지 정확히 알지 못하는 일도 흔합니다. 이렇게 알게 모르게 피의자의 인권이 침해당하거나 불리한 내용으로 조사를 받는 일이 발생합니다. 이런 것으로부터 피의자를 보호하기 위해서 변호인의 참여가 중요합니다.

⬤편 피의자를 신문하는 사람들은 피의자에게 어떤 사건으로 조사를 받고 있고, 어떤 혐의가 있다고 말해주지 않는 건가요?

⬤김 형사소송법에 따라 경찰은 사건의 개요는 알려주지만, 구체적인 수사 내용까지는 설명하지 않는 경우가 많습니다. 피의자 신분으로 신문에 출석한 사람들은 자신이 불려 간 이유를 대충 짐작하고 조사를 받을 때 무죄를 주장해 경찰을 설득할 수 있다고 생각하는 경우가 많습니다. 본인이 생각하기에는 죄가 안 될 것 같거든요. 그래서 혼자서 수사를 받는 사람들이 꽤 많아요. 그런데 혼자서 수사를 받으러 가는 것은 각종 무기와 갑옷으로 중무장한 중세 기사 앞에 맨몸으로 서서 싸우겠다는 것과 같아요. 자기를 보호할 어떤 것도 갖고 있지 않은 거예요. 경찰은 피의자의 입장을 듣기 위해 조사에 나서기도 하지만, 일정 수준의 증거를 확보한 상태에서 혐의를 추궁하려는 목적으로 부르는 경우도 많습니다. 피의자는 수사기관이 무엇을 가졌는지 전혀 알 수 없고, 재판에 가서야 피의자 신문 과정에서 작성된 조서를 보고 자신이 무엇인가를 인정했다는 것을 알게 돼요. 형사사건의 경우 사람들이 기소된 후에 변호사를 찾는 경우가 많은데, 사실 변호사가 필요한 시점은

수사단계부터입니다. 이때부터 변호사가 개입해 잘 다투면 억울한 부분을 해소할 수 있고, 범죄 혐의를 벗어날 수도 있습니다.

편 언론에서 어떤 사건의 피의자에게 구속영장이 청구되었다고 보도하는 것을 보면 구속영장 청구가 사건에 미치는 영향이 큰 것 같아요. 왜 그런가요?

김 검찰은 피의자의 혐의를 소명할 증거가 충분하고 도주나 증거인멸의 우려가 있으면 구속영장을 청구합니다. 사실 피의자가 구속되면 검찰로서는 수사가 수월한 측면도 있습니다. 사람들이 구속되면 심리가 굉장히 위축되고 불안과 두려움도 커지죠. 그럴 때 입을 꾹 닫고 있던 피의자도 진술을 잘하는 경향이 있습니다. 부인하던 것들이나 감추고 있던 것들을 순순히 자백해요. 예를 들어 횡령이나 배임의 혐의로 고발당한 기업의 실무자를 붙잡아 조사하면 처음에는 묵비권도 행사하고 누가 지시했다는 진술은 거의 안 합니다. 그러다 구속이 되면 누가 지시했다고 순순히 실토합니다. 그래서 구속영장이 가지는 힘이 있지요. 하지만 간혹 구속이 수사의 편의를 위해 남용되는 사례가 있기 때문에 구속영장실질심사와 같은 절차를 거치도록 하고 있어요. 구속영장실질심사란 구속영장이 청구된 피의자를 판사가 직접 심문하여, 실제로 구속할 필요가 있는지를 판단하는 것을 말합니다.

구속영장이 청구되었다고 해서 모두 영장이 발부되는 것은 아닙니다. 구속영장이 청구되었을 때 변호사는 구속영장을 검토해 의견서를 법원에 제출하는데, 의견서와 구속영장실질심사에서 변론에 따라 구속영장이 기각될 때가 있어요. 구속영장이 기각됐다는 것은, 일단 의뢰인에게 긍정적인 신호라고 볼 수 있습니다.

편 구속영장이 청구되면 어떤 과정으로 결과가 나오는 것인가요?

김 앞에서도 말했듯이 경찰과 검사는 피의자에게 범죄 혐의가 어느 정도 드러나고, 도주하거나 증거를 없앨 우려가 있다고 판단되면 구속영장을 신청하거나 청구해요. 구속영장이 청구되면 법원은 피의자를 직접 불러 구속이 필요한지를 심사합니다. 이를 흔히 '영장실질심사'라고 하고, 피의자는 변호인을 동반할 수 있고, 판사 앞에서 자신의 입장을 소명할 수 있습니다. 심사를 마친 후, 판사가 구속영장을 발부하면 피의자는 유치장이나 구치소에 수감되고, 기각되면 불구속 상태에서 수사를 받게 됩니다.

구속영장 청구에서 발부까지의 과정은 보통 1~3일 안에 진행됩니다. 구속 여부는 피의자에게 엄청 중요한 문제라, 빠르면서도 신중하게 결정되는 것인데요. 이때 변호사는 시간이 없는 상황에서 구속영장 청구서 몇 장만 보고 대응해야 합니다. 검찰이 수사한 자료 전체는 볼 수 없기 때문에 정보가 거의 없는 상태에서 검사가 가지고 있는 방대한 기록을 뒤집을 만한 논리를 찾아내고 의견서를 작성해 판사를 설득해야 하는 어려움이 있습니다.

구속영장은 기각보다 발부되는 경우가 많습니다. 왜냐하면 검찰이 청구할 때 이미 구속 요건이 갖춰졌다고 판단하고 청구하기 때문입니다. 과거에는 판사가 서류만 보고 판단해 구속영장 발부율이 높았지만, 지금은 실질심사 제도가 도입되어, 판사가 직접 피의자를 보고 판단하는 것으로 바뀌었어요. 이는 피의자의 인권 보호를 위한 큰 변화로 기각률도 예전보다 소폭 증가했어요. 사실 영장실질심사는 정식 재판은 아니지만 판결이 나는 일종의 재판입니다. 실질심사의 결과는 '구속 인용 결정/기각 결정'으로 결정이라고 하지만 법관의 판단이 들어간 재판입니다.

구속영장 청구에 잘 대비하기 위해서라도 형사사건에 휘말린 의뢰인은 변호사를 조사 단계에서 선임하는 것이 중요합

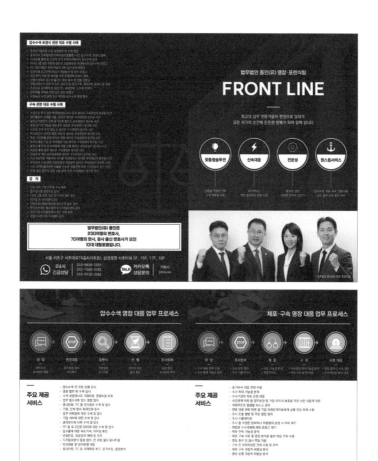

현재 소속된 법무법인에서는 영장 대응과 디지털 포렌식 등 수사의 초기 단계부터 적극적으로 대응하는 것을 목표로 한 법률서비스를 제공하고 있습니다. 위 자료는 이러한 서비스 내용을 소개하기 위한 자료입니다.

니다. 일반인은 조사받을 때 사건의 방향을 거의 모릅니다. 수사기관에서는 조사 과정에서 피의자에게 여러 질문을 던지지만, 일반인으로서는 그 질문이 어떤 사실을 밝히기 위한 것인지 이해하기 어려운 경우가 많습니다. 그런데 경력이 있는 변호사는 조사 내용을 듣고 수사기관이 어떤 정보를 가졌는지, 기소할 사건인지 아닌지, 구속영장을 청구할 사안인지 아닌지 등 수사 방향을 예측할 수 있어요.

변호인으로서 긴장되는
순간은 언제인가요

편 형사사건을 맡았을 때 대응을 잘해야 한다거나, 긴장되는 순간이 있다면 언제인가요?

김 변호인으로서 가장 긴장되는 순간은 아마도 의뢰인에게 구속영장이 청구되었을 때인 것 같습니다. 검찰이 어떤 수사를 했고, 어떤 증거를 가졌는지 정보가 거의 없는 상태에서 짧은 시간 안에 구속영장이 기각되도록 의견서를 써야 하기 때문이지요.

편 수사기관이 수사할 때 압수수색도 많이 하던데, 그때 변호인이 참여하는 게 좋은가요?

김 수사 과정에서 증거를 수집하기 위한 가장 중요한 절차가 압수수색입니다. 압수수색은 수사기관이 법원의 허가를 받아 강제로 특정 장소를 뒤지거나 증거가 될 만한 물건을 가져가는 것을 말합니다. 이때도 변호사의 도움을 받는 것이 최선이라고 생각해요. 경찰이나 검찰로부터 압수수색을 당하면 제일 먼저 변호사를 압수수색 현장으로 불러야 합니다. 일반적인 사람들은 압수수색 영장을 보고 압수수색의 절차가 맞는지, 또 무엇을 가져간다는 것인지 잘 모를 수 있어요. 그럴 때 변호사의 도움을 받아야 합니다. 압수수색 영장에는 범죄 혐의와 함께 수색할 장소와 압수할 대상이 기재되어 있습니다. 그런데 수사기관은 종종 압수수색 현장에서 압수수색 대상이 아닌 서류나 파일들을 압수하기도 합니다. 사건과 관련 없는 파일이 압수되어 피의자의 사생활이 노출될 수도 있고, 불리한 정황이 드러날 수도 있습니다. 또한 PC나 휴대전화와 같은 전자 정보는 범죄 혐의와 관련된 자료만 압수할 수 있으므로, 압수 대상 파일을 선별하는 절차가 반드시 필요합니다. 피의자의 대다수는 이런 경험이 없어서 압수수색 시 어떻게 대응할지 모르는 게 당연합니다. 사실 사건의 향배는 이 단계에서 결정난다고 봐도 됩니다. 형사사건은 증거에 따라 수사의 방향이 정해지며, 압수수색은 증거를 확보하는 주요한 수단이기 때문입니다.

📄 포렌식 과정에서도 피의자와 변호인이 참관할 수 있다는 기사를 본 적이 있어요.

📄 포렌식은 컴퓨터나 휴대전화 등의 전자 정보에서 증거를 찾아내고 이를 분석하는 작업을 말합니다. 전자 정보는 조작이나 삭제가 쉬운 반면, 최근 사건에서는 중요한 증거들이 대

부분 전자 정보로 존재하기 때문에 포렌식 과정이 매우 중요합니다. 휴대전화에는 지인의 연락처, 개인 일정, 방문 기록, 심지어 과거 통화 녹음까지 포함되어 있어, 개인의 삶 대부분이 담겨 있다고 해도 과언이 아닙니다. 그러나 압수수색 영장은 이러한 전자 정보를 모두 압수할 수 있도록 허용하는 것이 아니라, 범죄 혐의와 관련된 정보에 한정해 압수를 허가한 것입니다. 따라서 컴퓨터나 휴대전화 내에서도 관련된 파일만을 선별하는 절차가 반드시 필요합니다. 많은 사람들이 수사기관이 알아서 처리할 것으로 생각해 이 절차에 참여하지 않지만, 실제로는 영장에서 허용하지 않은 자료가 압수될 때 이의를 제기할 수 있고, 어떤 자료가 수집되었는지 직접 확인할 중요한 기회입니다.

최근에는 피의자와 변호인이 이러한 절차에 적극적으로 참여하는 경우가 늘고 있으며, 저는 압수수색 상담을 할 때 변호사와 함께 포렌식 절차에 꼭 참여하시라고 조언드립니다.

형사소송을 맡으면
어떤 마음가짐으로 임하시나요

편 형사소송을 맡으면 어떤 마음가짐으로 임하시나요?

김 형사재판을 받는다고 해서 과도한 처벌을 받아서는 안 되며, 누구든 자신이 잘못한 만큼만 처벌받아야 한다고 생각합니다. 형사사건의 원고는 국가를 대신해 소송을 제기한 검사이고 피고인은 재판을 받는 사람입니다. 이때 변호사는 피고인의 변호인으로 활동합니다. 변호인은 피고인을 보호하고 지켜주는 사람이라는 의미라고 생각하면 됩니다. 국가는 가장 힘이 센 존재이고, 국민의 한 사람인 피고인은 상대적으로 힘이 약한 존재입니다. 힘의 균형을 맞추기 어려운 형사재판에서 변호인 제도를 운용하는 이유는 피고인이 누려야 할 최소한의 권리를 보장하기 위함입니다. 흉악범이나 극악한 범죄자일지라도 변호인은 인간으로서 피고인이 가지고 있는 최소한의 권리가 침해되지 않도록 보호해야 합니다. 피고인이 수사기관이나 법원으로부터 부당한 대우를 받지 않도록 보호하는 거지요. 또, 검사와 판사가 아무리 뛰어난 전문가일지라도 실수가 발생할 수 있으며, 이에 따라 억울한 누명을 쓰는 일도 생길 수 있습니다. 이럴 때는 검사의 주장에 맞서 반박하고, 무죄를 뒷받침할 증거를 제시해 적극적으로 방어해야 합니다. 그래서 형사소송에서는 민사소송처럼 대리인이라는 표현을 쓰지 않고 변호인이라고 합니다.

때때로 흉악 범죄를 저지른 피고인을 변호한 변호사에 대해 비난하는 경우도 있습니다. 그러나 법은 모든 사람에게 변호 받을 권리를 보장하고 있습니다. 아무리 많은 사람이 비난하더라도, 그 사람을 위해 끝까지 법의 기준에 따라 방어해 줄 단 한 사람은 있어야 한다는 생각에서 출발한 것이 바로 변호인 제도라고 생각합니다. 그래서 중요한 형사재판에서는 피고인에게 변호인이 꼭 있어야 하며, 없을 경우 국가에서 변호인을 정해주는 국선변호인제도가 마련되어 있습니다. 형사사건에서 변호인은 의뢰인의 문제를 해결하는 데 그치지 않고, 그 권리를 지키고 마지막까지 함께 싸우는 사람입니다.

국선변호인제도는 무엇인가요

편 변호인을 선임하지 않거나 못하는 피고인을 위해 국선변호인제도가 있다고 들었어요. 이 제도는 무엇인가요?

김 피의자나 피고인을 위해 국가에서 변호인을 선정해 주는 것이 국선변호인제도입니다. 국가를 상대해야 하는 형사재판에서 피의자나 피고인을 위해, 누구나 공정한 재판을 받을 수 있도록 최소한의 권리를 보장하고 이들을 보호하기 위한 제도입니다.

편 국선변호인제도는 왜 만들어졌나요?

김 국선변호인제도는 방어권이 취약한 개인이 스스로 변호인을 선임하지 않은 경우, 국가가 비용을 부담하여 변호인을 선임해 주는 제도입니다. 모든 국민은 공정한 재판을 받을 권리가 있으며, 피고인이 법률적 지식이나 수사·재판 절차에 대한 이해가 부족하다고 해서 불이익을 받아서는 안 됩니다. 변호인을 직접 선임할 수도 있지만, 이를 생각하지 못했거나 경제적인 사정으로 선임이 어려운 경우에는 국선변호인을 통해 법적 조력을 받을 수 있습니다.

형사사건에서 구속영장이 청구된 때, 피고인이 구속된 때,

미성년자일 때, 70세 이상인 때, 농아인 때, 심신장애의 의심이 있는 자인 때, 사형, 무기 또는 단기 3년 이상의 징역이나 금고에 해당하는 사건으로 기소된 때, 그밖에 피고인의 권리보호를 위하여 필요하다고 인정하는 때 등의 경우에는 법원이 직권으로 국선변호인을 선정합니다. 아울러, 피고인이 빈곤 그밖의 사유로 변호인을 선임할 수 없을 때도 법원에 국선변호인 선정을 청구할 수 있습니다. 국선변호인을 선임하고자 하는 피의자나 피고인이 법원에 요청하면 법원은 심사를 거쳐 국선변호인의 선임 여부를 결정합니다. 국선변호인 선임에 따른 비용은 기본적으로 국가가 부담하고, 일부 절차에 드는 비용은 피의자나 피고인이 지급해야 할 수도 있습니다.

편 국선변호인으로 활동하려면 어떻게 해야 하나요?

김 국선변호인은 관할 구역 내에 사무소를 둔 변호사 중에서 선정됩니다. 일반적으로 피의자마다 한 명의 국선변호인이 선정되지만, 특별한 경우에는 여러 명이 선임될 수도 있습니다. 주목할 점은, 국선변호인 업무만을 전담하는 국선전담변호사가 따로 존재한다는 것입니다. 대부분의 변호사는 자신의 사건을 처리하면서 일정 부분 국선변호인 업무도 함께 맡는 것이 일반적이지만, 국선전담변호사는 다른 사건은 수임할 수 없고 국선변호인 업무만 수행하게 되어 있습니다.

국선전담변호사로 활동하기 위해서는 법원의 위촉이 필요합니다. 각 지방법원이나 고등법원에서 국선전담변호사 모집 공고를 내면, 변호사 자격을 갖춘 이들이 지원하고 선발 절차를 통해 위촉되는 방식입니다. 위촉 기간은 2년이고 활동을 연장하고 싶으면 2회 더 연장해 최대 6년까지 일할 수 있어요. 6년이 지나고도 국선전담변호사로 계속 활동하려면 신규 선발 절차에 지원하면 됩니다. 실제로 10년 이상 국선전담변호사로만 활동하는 사람들도 있다고 해요.

편 국선전담변호사로 활동하면서 개인적으로 다른 사건을 맡아서 변호할 수도 있나요?

김 할 수 없어요. 법원에서 선임하는 사건만 다룰 수 있는 거예요. 원칙적으로 국선전담변호사는 국선변호 사건을 제외한 민·형사, 가사, 행정 기타 일체의 소송대리, 유료 상담 등을 할 수 없어요. 다만, 소송구조에 의한 민사사건, 친족이 당사자인 사건 등은 예외적으로 허용되기도 합니다.

편 어떤 사람들이 국선전담변호사로 활동하나요?

김 국선전담변호사로 지원하기 위해서는 변호사 자격이 있고, 각 법원의 관할 구역 내 지방변호사회에 등록되어 있어야 합니다. 과거에는 국선변호사에 대한 부정적인 인식도 있었지만, 현재는 국선전담변호사 중에도 높은 실력을 갖춘 변호사들이 많습니다. 특히 최근에는 판사 임용을 목표로 국선전담변호사가 되려고 지원하는 사례도 늘고 있습니다.

편 국선변호인를 선임한 사람은 수임료를 지급하지 않는다고 했는데, 수임료는 어떻게 받나요?

김 일반 국선변호인은 사건 1건당 약 55만 원을 국가로부터 받습니다. 국선전담변호사의 경우, 세전 기준으로 처음 위촉되면 월 600만 원, 2년 이상 4년 미만의 경력자는 월 700만 원, 4년 이상의 경력자는 월 800만 원의 보수를 받습니다. 또한 국선전담변호사에게는 국가에서 공동사무실을 무상으로 제공하며, 사무실 운영비로 월 60만 원이 추가로 지원됩니다.

편 피의자가 국선변호인을 선임할 때의 단점도 있을 것 같아요.

김 국선변호인 선임이 늦어지면 수사단계에서 적극적인 대응이 어려울 수 있다는 게 단점입니다. 형사사건은 수사단계에 변호인이 개입하는 게 중요한데 대부분은 재판이 시작되면서 변호인 선임이 되기 때문이에요.

범죄피해자 지원 제도의 종류 출처 : 법무부

피해자의 신변보호

· 신변보호조치
· 가명조서
· 피해자 보호시설
· 임시안전숙소
· 이전비(이사실비)
· 스마트워치(위치확인장치)

형사절차상 피해자 보호

· 범죄피해자 의견진술 제도
· 범죄피해자에 대한 통지 제도
· 형사사법포털과 모바일(앱)을 통한 정보제공 제도
· 신뢰관계 있는 자의 동석 제도
· 피해자 국선변호사 제도
· 진술조력인 제도

신체·정신·재산상의 피해회복을 위한 지원

· 범죄피해구조금 제도
· 주거 지원 제도
· 경제적 지원 제도
· 범죄피해자지원센터를 통한 피해자 지원 제도
· 스마일센터를 통한 피해자 지원 제도

가해자로부터의 손해배상

· 배상명령 제도   · 대한법률구조공단
· 형사소송절차에서의 화해 제도   · 대한변협 법률구조재단
· 형사조정 제도   · 한국가정법률상담소
· 법률홈닥터 제도   · 대한가정법률복지상담원

편 국선변호인제도와 비슷한 제도가 또 있나요.

김 피해자 국선변호사 제도가 있어요. 형사소송은 검사와 피고인이 소송의 당사자예요. 그런데 여기에 한 자리가 더 있어요. 피고인의 범죄행각으로 피해를 본 피해자입니다. 피고인은 변호사를 선임해 소송을 진행하는데, 피해자는 소송 단계에서 조사에 임하고 재판에서 증언하는 등 형사소송에 관여하기는 하지만 소송의 당사자가 아니기 때문에 어떤 도움을 받지 못하는 경우가 많았어요. 그래서 피해자를 도울 방법으로 피해자 국선변호사 제도를 마련했어요. 피해자 국선변호사가 선정되면 수사단계부터 재판 단계까지 법적인 보호조치와 함께 법률적인 도움을 받을 수 있습니다.

피해자 국선변호사 제도

성폭력·아동학대·장애인학대·인신매매·스토킹범죄 피해자 및 성매매 피해아동·청소년을 위하여 국선변호사를 선정해 사건 발생 초기부터 수사, 재판에 이르는 전 과정에서 전문적인 법률 지원을 하는 제도입니다. 성폭력·아동학대·장애인학대·인신매매 등 범죄 피해자 및 성매매 피해아동·청소년은 누구나 피해자 국선변호사의 선정을 신청할 수 있습니다.

피해자 국선변호사는,

- 수사단계에서는 피해자가 수사절차에 어떻게 참여하게 되는지 설명하고, 변호사, 신뢰관계인, 진술조력인 등이 피해자를 어떻게 지원하는지 안내합니다.
- 조사과정에서 구성요건의 입증에 필요한 진술이 충분하게 이루어질 수 있도록 조사 후 의견을 개진합니다.

- 피해자 상담을 기초로 파악한 범죄사실, 증거관계 등을 의견서의 형식으로 작성하여 수사기관에 제출합니다.
- 피해자의 인적사항이 조서, 증거, 언론 등을 통해 노출되는 것을 막고, 보복 위험 등에 대비하여 피해자 보호를 위해 필요한 조치를 취합니다.
- 재판단계에서는 공판기일에 출석하여 사건의 흐름을 파악하고, 피해자 등에게 전달합니다.
- 양형 증거 및 탄핵 증거를 수집하고, 이를 토대로 의견서를 작성하여 법원에 제출하는 등 피고인에게 적정한 처벌이 이루어지도록 노력합니다.
- 범죄 피해자 또는 그 법정대리인이 경찰서, 검찰청 등 수사기관에 피해사실 신고와 함께 구두 또는 서면으로 피해자 국선변호사 지원을 요청하면 됩니다.
- 성폭력 피해상담소 또는 아동보호전문기관 등을 통해서도 피해자 국선변호사의 지원을 요청할 수 있습니다.

법과 상식으로 사회정의를 실현하는
변호사

LAWYER

변호사가
되려면

변호사가 되려면
어떤 소양이 필요할까요

편 변호사가 되고 싶은 청소년이라면 어떤 소양을 기르면 좋을까요?

김 가장 기본적으로 필요한 것은 법률에 대한 깊은 이해와 지식입니다. 변호사는 법률 전문가로서 다양한 문제를 법에 따라 해결하는 사람입니다. 잘못된 해석이나 부족한 지식으로 업무를 처리하면 단순한 실수가 아니라 한 사람의 인생이나 한 기업의 미래에 큰 영향을 줄 수 있기 때문에 정확하고 전문적인 법률 지식이 꼭 필요합니다. 이런 법률 지식은 대학에 진학한 후나 법학전문대학원에 진학해 쌓을 수도 있지만 변호사에 관심이 많은 청소년이라면 평소에도 법에 관심을 가지면 좋을 것 같아요. 관심이 있으면 법을 이해하고 지식을 쌓는 데 도움이 될 것입니다.

변호사는 책임감이 필요한 직업입니다. 맡은 소송 하나가 개인의 삶이나 기업의 운명을 바꿀 수 있기 때문입니다. 변호사는 혼자 일하는 시간도 많지만 다른 변호사나 소송 관련 분야의 전문가와 협업하는 일도 많아요. 이때는 서로 일을 '나눠서 책임지는' 구조이기 때문에 맡은 일은 반드시 끝까지 책임지고 완수해야 합니다. '나눠서 책임진다'라는 것은 단순한 분업이 아니라, 본인이 맡은 부분에서 문제가 생기면 누구에게도 책임을 미룰 수 없다는 의미입니다. 또한 대부분의 업무는 정해진 기한 내에 결과물을 제출해야 하므로, 시간에 대한 책임감도 매우 중요한 요소입니다.

편 법을 사건에 적용할 때 어떤 자세로 접근해야 할까요?

김 많은 사람들이 법조계를 조문만 따지는 고리타분한 분야로 생각합니다. 또한 관례에 따라 업무가 진행되고, 단순히 관련 법률 조항을 찾아 적용하기만 하면 된다고 오해하기도 합니다. 그러나 실제로는 창의적인 사고가 매우 중요한 분야입니다. 의뢰인이 변호사를 찾는 경우는 대부분 스스로 다양한 방법을 시도했음에도 해결되지 않았기 때문입니다. 따라서 변호사는 기존의 방식과는 다른 시각에서 문제에 접근해야 하며, 때로는 일반적인 시선으로는 낯설게 보일 수 있는 방법도 검토해 볼 필요가 있습니다. 물론 이러한 접근은 어디까지나 법의 테두리 안에서 이뤄져야 하며, 법적 한계를 넘어서는 방식이어서는 안 됩니다. 또 당연한 이야기지만, 사건에 최선을 다해야 합니다.

청소년 시기에 할 수 있는
준비는 무엇이 있을까요

편 청소년 시기에 준비할 수 있는 게 있다면 말씀해 주세요.

김 변호사를 꿈꾸고 있다면, 청소년 시기에는 기초적인 소양을 쌓고 다양한 경험을 해보는 것이 무엇보다 중요합니다. 법조인이 되기 위한 특별한 '정답'은 없지만, 이 시기를 어떻게 보내느냐에 따라 훗날 성장의 깊이가 달라질 수 있습니다. 우선 저는 독서를 추천하고 싶습니다. 특히 소설과 신문을 많이 읽어 보면 좋겠어요. 소설을 통해 우리는 다양한 삶의 이야기와 인간의 감정을 간접적으로 경험할 수 있어요. 법조인은 사람의 이야기를 듣고 판단하거나 조언하는 일을 자주 하므로 인간을 이해하는 폭이 넓은 사람이 훨씬 더 좋은 법조인이 될 수 있습니다.

법조인 중에는 뛰어난 지식과 논리력을 가지고 있으면서도 세상에 대한 이해가 너무 좁은 사람이 있습니다. 이는 업무를 처리하는 데에도, 인생을 살아가는 데에도 좋지 않은 영향을 줄 수 있습니다. 식견을 넓히는 방법으로는 신문을 읽으면 좋겠어요. 신문은 사회 전반에 대한 이해를 넓히는 데 큰 도움이 됩니다. 교과서나 학원 수업에서는 접하기 어려운 현실 속 문제들을 접할 수 있기 때문입니다. 다만, 신문에 나오는 기사를 그대로 받아들이기보다는, 기사의 논조나 의도를 파악하고 비판적으로 생각하는 연습이 필요합니다. 신문도 하나의 의견을 담고 있기 때문에 객관적인 사실과 주관적인 해석을 구별하며 자신만의 생각을 정립하는 습관을 기르시길 바랍니다.

또 한 가지 중요한 것은 체력입니다. 제가 검사로 근무할 당시 동료들과 "검사에게 가장 필요한 자질은 밤을 새우는 체력이다."라는 농담을 자주 했습니다. 그만큼 법조인의 일은 긴 시간 집중해야 하고, 많은 양의 일을 기한 내에 처리해야 하는 경우가 많습니다. 공부도 끊임없이 해야 하고, 여러 사건을 동시에 다루기도 하며, 책임감 있는 태도도 요구되는데요. 이 모든 일을 잘 해내기 위해서는 무엇보다 체력이 기본입니다. 건강한 몸은 많은 양의 공부와 업무를 소화할 수 있는 바탕이 될 뿐 아니라 스트레스를 이겨내는 데에도 큰 도움이 됩니다.

편 이 직업에 대해 정보를 얻을 방법으로 무엇이 있을까요?

김 변호사를 비롯한 법조인이 하는 일은 언론 매체와 영화와 드라마, 유튜브 같은 영상 매체, 소설 같은 문학을 통해 알려진 것이 많습니다. 관심이 있다면 이런 매체를 적극적으로 활용해 이 직업을 간접 체험할 수 있어요. 자신이 흥미 있어 하는 매체를 활용해 정보를 수집하는 것도 좋겠지요.

저는 존 그리샴의 『의뢰인』이라는 소설 속 변호사의 모습이 아직도 잊히지 않는데요. 신변의 위협을 느끼는 소년과 변호사가 계약을 맺는 장면이었어요. 변호사는 아이에게 1달러를 요구해 받고는 이제부터 소년의 변호사로서 소년의 말을 들을 것이며, 소년을 보호하기 위해 최선을 다할 것이라는 내용이었던 것으로 기억해요. 그 장면에서 '변호사는 이런 직업이구나'하고 감탄했었지요.

이런 일을 먼저 체험해 보는 방법으로 진로체험지원센터, 검찰청, 법률사무소 등에서 주관하는 법 체험 및 진로 체험 행사에 참여하는 것도 생각해 볼 수 있습니다. 친구들과 모의법정 동아리를 만들어 활동해 보는 것도 좋을 것 같아요. 주변에 변호사가 있다면 직접 만나 이야기를 듣는 것도 좋을 거예요. 아는 변호사가 없으면 가까운 곳에 있는 변호사사무실의 문을 두드려 보세요. 학생들이 찾아가 면담을 요청하면 거절할 변호사는 별로 없을 거예요. 인생을 먼저 산 선배로서 해줄 말도 많을 겁니다.

대학 진학할 때 어떤 전공을
선택하면 좋을까요

편 대학 진학할 때 어떤 전공을 선택하면 좋을까요?

김 변호사가 되는 방법은 한 가지입니다. 대학 졸업 후 법학전문대학원에 진학하여 3년 동안 공부한 후 변호사시험에 합격해야 합니다. 그러려면 반드시 대학에 진학해야 하지만 법학 관련 전공을 택해야 하는 것은 아닙니다. 어떤 전공이라도 자유롭게 선택할 수 있으며, 실제로 다양한 전공 배경을 가진 학생들이 법학전문대학원에 진학하고 있습니다.

　예전에는 법조인이 되려면 사법시험에 합격해야 했습니다. 그런데 사법시험이라는 한 번의 기회를 잡기 위해 젊은이들이 사법시험에만 매달리면서 정작 대학의 법학 교육이 제 기능을 하지 못하는 상황에 이르렀어요. 그래서 사법시험을 폐지하고 대안으로 2007년 '법학전문대학원 설치 · 운영에 관한 법률'이 제정되었고, 2009년 법학전문대학원 제도가 도입되었습니다. 이 법에 따르면 법학전문대학원은 '국민의 다양한 기대와 요청에 부응하는 양질의 법률서비스를 제공하기 위하여 풍부한 교양, 인간 및 사회에 대한 깊은 이해와 자유 · 평등 · 정의를 지향하는 가치관을 바탕으로 건전한 직업윤리관과 복잡다기한 법적 분쟁을 전문적 · 효율적으로 해결할 수 있는 지식 및 능력을 갖춘 법조인의 양성에 설립 목적이 있다.'라고 규정하고 있습니다. 말이 좀 어렵지만 쉽게 설명하자면 복잡한 세상에서 사람과 법을 이해하는 건전한 가치관을 가진 사람이면 누구나 법학전문대학원에 진학할 수 있다는 뜻입니다.

편 실제로도 다양한 전공자들이 오나요?

김 2024년 전국 25개 법학전문대학원 입학생은 2,152명이었는데, 이 중 사회계열 전공자가 약 30.3%로 가장 많았고, 이어 상경계열 27.3%, 인문계열 16.4%, 법학계열 8.04%, 공학계열 6.13%, 사범계열 5.39%, 의학계열 1.07%, 예체능계열 0.74%, 약학계열 0.46%, 농학계열 0.37%, 신학계열 0.14% 순이었습니다. 법학전문대학원 도입 초기에는 법학계열 전공자가 많았으나 시간이 지날수록 사회계열과 상경계열, 인문계열 전공자가 증가하고 있는 추세입니다.

저 역시 공학을 전공한 뒤 변호사가 되었는데, 공학 지식은 IT나 기술 관련 사건을 다루는 데 큰 도움이 되고 있습니다. 이처럼 자신의 전공 분야를 살려 법률 전문성을 더할 수 있다는 점에서 법학 외의 전공도 충분히 강점이 될 수 있습니다.

법학전문대학원에 입학하려면
어떤 준비를 해야 하나요

편 법학전문대학원에 입학하려면 어떤 준비를 해야 하나요?

김 법학전문대학원에 입학하기 위해서는 학사 이상의 학위를 취득하고, 법학적성시험리트 LEET 성적, 공인영어성적, 학부 성적이 있어야 합니다. LEET는 로스쿨 입학을 위해 꼭 필요한 시험으로 다양한 학부·전공을 가진 사람들이 로스쿨 교육을 이수하는 데 필요한 수학능력과 법조인으로서 지녀야 할 자질과 적성을 평가합니다. 법학 지식이 아니라 논리적 사고력, 독해력, 추리 능력을 평가하고, 매년 1회 실시하며 당해 성적만 인정합니다. 시험은 총 3교시로 나누어 보는데, 1교시는 언어이해(70분/30문항)로 글을 읽고 의미를 파악하는 능력을 평가합니다. 2교시는 추리논증(125분/40문항)으로 논리적 사고력과 문제 해결 능력을 보고, 3교시는 논술(110분/2문항)로 주어진 자료를 읽고 자신의 생각을 정리해 글로 쓰는 능력을 봅니다. 기출문제는 인터넷에서 확인할 수 있으며(https://leet.uwayappiy.com), 미리 연습해 보면 시험을 준비하는 데 큰 도움이 됩니다.

공인영어성적은 TOEIC, TOEFL, TEPS 성적 중 하나를 제출하면 되지만, 일부 로스쿨은 TOEIC을 인정하지 않기 때문에 지원 전에 꼭 확인해야 합니다. 성적이 높을수록 유리하긴 하지만 대부분의 로스쿨은 일정 기준 점수를 넘기면 점수를 구간별로 환산하거나 기본 점수만 반영하기도 합니다.

대학 학점도 매우 주요한 요소입니다. 학생의 성실성과 기본 학업 역량을 평가하는 지표이기 때문에 학창 시절 꾸준히 노력하는 태도가 필요합니다. 대부분의 로스쿨은 학점을 전체 평가의 약 25~40% 정도 반영하고 있습니다.

그리고 면접도 중요한 평가 요소입니다. 각 로스쿨은 지원자의 의사소통 능력, 사고력 등을 종합적으로 평가하기 위해 면접 문제를 제시하고 지원자의 구술 답변을 평가하는 방식으로 심층 면접 형태로 실시합니다. 면접의 형식과 주제는 로스쿨마다 다르므로 최근 이슈를 폭넓게 준비하는 것이 유리합니다. 예를 들어 '인공지능의 법적 책임, 인간의 존엄성' 등 짧은 시간 안에 답변하기 어려운 문제도 나온다고 하니 사회문제에 관심을 두고 폭넓게 준비하면 될 것입니다.

편 어떤 입학전형이 있나요?

김 일반전형과 특별전형이 있습니다. 일반전형은 각 학교에서 정한 LEET 성적 · 대학 성적 · 어학성적 · 서류심사 · 논술성적 · 면접성적 등에 따라 선발합니다. 로스쿨 제도는 사회적 약자에게도 법조인의 기회를 주기 위해 기초생활수급권자나 차상위계층 등 경제적 여건이 어려운 학생, 장애인 등 신체적 배려 대상, 국가유공자 본인 또는 그 자녀, 독립 유공자 본인 또는 그 손자녀, 북한이탈주민, 의사상자 등 사회적 배려 대상을 특별전형으로 뽑습니다. 이 전형으로 입학한 학생들은 3년 동안 일정한 성적을 유지하면 전액 또는 부분 장학금을 받을 수 있으며, 2024년에는 전체 입학생 중 165명(7.67%)이 특별전형으로 입학했습니다. 학교마다 기준이 조금씩 다르니 관심이 있다면 각 로스쿨의 입학 요강을 확인해 보는 것이 좋습니다.

그리고 지방대학 출신자에게는 지역인재전형이 마련되어 있습니다. 이는 지역 간 교육 불균형을 해소하고, 비수도권 법조인 양성을 위한 제도로 일정한 비율로 지역 출신 학생을 선발합니다. 이 제도를 잘 활용하면 지방대학 출신 학생들도 유리한 조건으로 로스쿨에 진학할 수 있습니다.

정리하자면 어떤 전공이든 관심 있는 분야를 깊이 있게 공부하는 것이 중요합니다. LEET 성적, 공인영어성적, 높은 학점을 기본이므로 차근차근 준비하고, 특별전형과 지역인재전형 제도도 잘 활용하면 진학에 도움이 됩니다.

청소년 시기에는 너무 조급해하지 말고, 다양한 분야를 경험해 보며, 자기 적성과 흥미를 찾는 과정을 소중히 여기길 바

해당 지역	범위	학생 최소 입학 비율
충청권	대전광역시, 세종특별자치시, 충청남도, 충청북도	15%
호남권	광주광역시, 전라남도, 전북특별자치도	15%
대구·경북권	대구광역시, 경상북도	15%
부산·울산·경남권	부산광역시, 울산광역시, 경상남도	15%
강원권	강원특별자치도	10%
제주권	제주특별자치도	5%

랍니다. 법조인이 되는 길은 길고 쉽지는 않지만, 차근차근 준
비한다면 누구에게나 열려 있는 길입니다.

변호사 자격은 어떻게 취득하나요

편 변호사 자격은 어떻게 취득하나요?

김 변호사시험을 보고 합격해야 합니다. 이 시험은 변호사에게 필요한 직업윤리와 법률 지식 등 법률 사무를 수행할 수 있는 능력을 검정하기 위한 시험으로 선택형 및 논술형 필기시험과 별도의 법조윤리시험으로 시행됩니다. 시험은 매년 1회 1월경 5일에 걸쳐 실시되며, 로스쿨 졸업자, 졸업 예정자(3개월 이내)만이 응시할 자격이 있습니다.

시험과목은 공법(헌법 및 행정법 분야의 과목), 민사법(민법, 상법 및 민사소송법 분야의 과목), 형사법(형법 및 형사소송법 분야의 과목)은 공통과목이고, 전문적 법률 분야에 관한 과목(국제법, 국제거래법, 노동법, 조세법, 지적재산권법, 경제법, 환경법) 중 응시자가 1개 과목을 선택하면 됩니다. 시험유형은 선택형(객관식)과 논술형(서술식)으로 구성되어 있으며, 논술형은 실무 능력을 평가하는 문제도 포함됩니다. 총점으로 합격 여부가 결정되며, 과목별 최소 기준 점수(만점의 40%)를 넘겨야 최종 합격할 수 있습니다. 참고로 2024년 변호사시험 합격률은 약 53%이고, 로스쿨 졸업자는 시험에 응시할 기회가 5번으로 제한됩니다.

🔵편 실무능력평가는 무엇을 평가하는 시험인가요?

🔵김 50면 안팎의 사건기록을 읽고 소장 등 법률 문서까지 2시간 안에 작성하는 기록형 시험입니다. 현실에 있을 만한 사건의 기록을 읽고 실제 변호사가 하는 것처럼 소장을 비롯한 각종 법률 문서를 작성해야 합니다. 시험에 합격한 후 바로 변호사로서 역할을 할 수 있는지를 가늠하는 시험으로 로스쿨에서는 현직 법관, 검사, 변호사가 파견 교수로 임용되어 법조인이 수행하는 실무를 학생들에게 가르칩니다. 이런 실무수업이 많은 도움이 됩니다. 사법시험을 폐지하고 로스쿨을 설립한 목적이 교육과 실무를 익힌 법조인을 배출하는 데 있는데, 이러한 실무 교육과 시험이 도입된 것은 매우 바람직합니다.

LAWYER

변호사가
되면

변호사 자격을 취득한 후
바로 활동을 시작할 수 있나요

편 변호사 자격을 취득하면 바로 변호사로 활동할 수 있나요?

김 변호사의 자격이 있다고 하여 바로 변호사법률사무소를 개설하거나 법무법인 등에서 변호사로 일할 수는 없습니다. 변호사로 일하려면 먼저 대한변호사협회에 등록해야 합니다. 본인이 입회하고자 하는 지방변호사회에 입회 신청을 하여 승인을 얻은 후 개업 신고를 하여야 합니다. 다만, 변호사 자격 등록을 신청한 자가 변호사로서 결격사유가 있거나 변호사의 직무를 수행함에 현저하게 부적당한 사유가 있을 때는 대한변호사협회 등록심사위원회의 의결을 거쳐 등록을 거부할 수 있습니다.

편 대한변호사협회는 어떤 단체인가요?

김 대한변호사협회는 변호사법 규정에 근거해 설립된 특수법인으로, 각 지방변호사회의 연합이라는 특성을 띱니다. 흔히 대한변협, 더 줄여 변협으로 지칭하는데요. 설립 목적은 변호사의 품위를 보전하고, 법률 사무의 개선과 발전, 그 밖의 법률

문화의 창달을 도모하며, 변호사 및 지방변호사회의 지도와 감독에 관한 사무를 하도록 하기 위함입니다.

편 대한변호사협회에 등록하지 않으면 어떻게 되나요?

김 등록 없이 변호사 업무를 하면 불법입니다. 징계나 형사 처벌 대상이 될 수도 있어요. 이것은 변호사법으로 규정되어 있으므로 반드시 따라야 합니다. 그 이유는 변호사라는 직업이 공공성을 띠고, 업무의 특성상 개인의 이익만을 추구해서는 안 되는 직업이기 때문입니다. 그래서 변협에서는 변호사 등록 심사와 자격 유지 여부를 확인해 변호사의 품위가 유지되도록 하며, 변호사의 윤리와 규범을 제정해 연수를 실시하고, 법률 제도 개선에 의견을 제시하는 활동 등을 합니다. 또한 사회적 약자와 소수자 등의 보호 관련 활동도 하고, 무료 법률 상담, 공익 소송 등을 진행해 공익 활동과 인권 옹호 활동도 펼치고 있습니다.

업무를 배우는 기간이 있나요

편 변호사 자격을 취득한 후 업무를 배우는 기간이 따로 있나요?

김 법학전문대학원 졸업 후 변호사시험에 합격한 사람은 6개월 이상 법률사무종사기관에서 법률 사무에 종사하거나 대한변호사협회의 의무 연수를 마쳐야 합니다. 그렇지 않으면 단독으로 법률사무소를 개설하거나 법무법인, 법무법인(유한) 및 법무조합의 구성원이 될 수 없고, 사건을 수임하거나 법무법인의 담당 변호사로 지정될 수 없습니다. 법률사무종사기관은 법원과 법원 산하기관, 검찰청과 산하기관, 정부 부처와 공공기관의 법무 부서, 공공기관과 공기업의 법무 담당 부서, 대한변호사협회와 지방변호사회, 법무법인과 변호사 사무소 등으로 법무부나 대한변호사협회에서 고시한 곳이어야 합니다.

편 6개월의 수습 기간을 의무 사항이라고 봐도 되는 거죠?

김 그렇습니다. 그 기간에 법률 사무의 기본을 배운다고 생각하면 됩니다. 원칙적으로는 그 이후에 변호사로 취직하거나 개업할 수 있습니다. 법무법인이나 법률사무소에 취직하면 시니어 변호사 밑에서 주니어 변호사로 근무하는 것이 일반적입니다. 도제식에 가까운 방식인데요. 변호사뿐만 아니라 검사도 대체로 선배로부터 일을 배우게 됩니다. 처음에는 사건의 서류를 검토하는 일을 하는데, 한 사건의 서류가 적게는 책 몇 권, 많게는 수십 권의 분량입니다. 서류를 검토하는 것도 익숙하지 않아서 시간도 오래 걸립니다. 그런데 재판 기일이 있어서 서류를 검토할 기한이 정해져 있기 때문에 야근이 잦고 때로는 밤을 새우기도 하지요.

편 처음엔 누구나 어려울 것 같은데, 주니어 변호사가 모르는 것이 있을 때는 어떻게 해야 할까요?

김 물어봐야 해요. 실수하면 정말 곤란한 일이 많이 벌어지기 때문에 모르면 혼자 해결하려고 하지 말고 물어봐야 해요. 제가 검사로 부임했을 때 처음에 선배들이 한 이야기가 물어보라는 거였어요. 모르면 혼자 해결하려고 하지 말고 무조건 물어보라는 거예요. 그리고 선배가 되고 난 후에 들은 이야기는 "후배가 와서 뭔가를 물어보면 아무리 바빠도 반드시 그 자리에서 문제를 해결해 주라."는 것이었어요. 아무리 밤을 새워 피곤하고 힘들더라도, 또 너무 바빠서 쉴 틈이 없더라도 후배가 뭔가를 물어보면 "나중에 봐줄게." 하지 말고 그 자리에서 해결해 주는 게 선배의 의무라는 거죠. 교과서에서 배운 것으로 해결되지 않는 현실의 문제가 태반이에요. 선배를 통해서 실무를 배우고 사람을 대하는 것을 배우는 거지요.

구직활동은 어떻게 하나요

편 변호사가 되면 일할 곳을 찾아야 하는데요. 어떻게 구직활동을 하나요?

김 가장 보편적인 방법은 공개 채용입니다. 법무법인(유한), 기업의 법무팀, 공공기관 등에서 채용 공고를 내고, 지원자는 서류와 면접 전형을 통해 선발됩니다. 공고는 보통 각 법무법인의 공식 홈페이지, 법학전문대학원 취업 게시판, 대한변호사협회나 지방변호사회 채용 게시판 등에서 확인할 수 있습니다. 공개 채용은 경쟁률이 높은 경우가 많아 준비가 필요합니다.

편 다른 방식으로 채용되는 것도 가능한가요?

김 개인적인 인연이나 소개를 통해서 채용이 이루어지기도 합니다. 법조계는 상대적으로 인맥이 좁은 편이라 지인이나 선배, 교수님, 실무 경험을 같이했던 사람들의 추천이나 소개로 채용 기회가 생길 때가 많습니다. 예를 들어 로스쿨 재학 중 수습 인턴을 했던 법무법인에서 정식 채용 제안을 받는 경우도 있고, 지인의 소개로 해당 법인의 인사 담당자나 대표 변호사와 면담을 진행한 후 채용되기도 합니다.

편 로스쿨 재학 시절 인턴 경험도 채용의 기회로 이어지기도 하는군요.

김 법무법인 중에 로스쿨 재학생들이 방학을 이용해 실무를 배울 수 있는 인턴십(수습 제도)을 운영하는 곳이 많습니다. 이때 좋은 평가를 받으면 졸업 후 정식 채용으로 이어지기도 합니다. 인턴십은 법무법인에는 새로운 인재를 발굴하는 기회이고, 신규 변호사에게는 일을 배우며 자신을 알리고 신뢰를 얻을 기회가 됩니다.

편 경력이 있는 변호사가 다른 곳으로 이동할 때는 어떤가요?

김 경력 변호사가 이동할 때는 공개 채용의 방식이라 할지라도 사전에 법인과 협의가 활발히 이루어진 경우가 많습니다. 법인 측에서는 지원한 변호사가 이전 직장에서 업무 스타일은 어땠는지, 주변 사람들의 평판은 어떤지 확인하는 경우도 흔한 일입니다. 그것을 '세평'이라고 하는데요. 세평(世評)은 세상 사람들 사이에 오가는 평판이나 비평을 말합니다. 고위직 공직자의 인사 검증의 한 방법으로도 세평을 활용하고, 민간기업도 경력자를 채용할 때 이전 직장에서 어떤 평가를 받았는지를 중요한 평가 요소로 활용하고 있습니다. 법조계도 마찬가지입니다. 팀워크가 중요한 법률 사무의 특성상 함께 일해 본 경험이나 지인의 추천이 경력 변호사의 채용에 큰 영향을 주기도 합니다.

편 세평이라는 것이 로스쿨 재학 시절까지 거슬러 올라갈 수도 있겠어요.

김 네. 로스쿨 재학 중 인턴 경험, 인간관계, 실무 평가 등이 실제 채용에 영향을 미치는 경우가 많습니다. 변호사라는 직업은 실력도 중요하지만, 책임감, 성실성, 소통 능력도 함께 평가받는 직업입니다. 따라서 어떤 방식으로 채용되든 믿을 수 있는 사람으로 보이는 태도와 자신감 있는 자세가 가장 큰 경쟁력이 될 수 있습니다.

취업하는 곳에 따라 업무도 달라지나요

🟦편 취업하는 곳에 따라 주요 업무도 다를 것 같은데요. 법무법인이나 법률사무소에서는 주로 어떤 일을 하나요?

🟦김 가장 많은 변호사가 활동하는 분야는 법무법인 또는 개인 변호사 사무실입니다. 법무법인은 여러 명의 변호사가 모여 만든 법률회사 같은 곳입니다. 변호사 사무실은 한 명 또는 소수의 변호사가 개인적으로 운영하는 곳이고요. 이곳들에 취업하면 보통 두 가지 업무를 하게 됩니다.

하나는 송무 업무인데요. 소송을 수행하는 일을 말합니다. 앞에서 민사소송과 형사소송에서 변호사가 하는 일을 설명했어요. 이것이 의뢰인을 대신해 소장을 작성하고, 법정에 나가 재판에 참여하고, 판사에게 주장을 설명하는 송무 업무입니다.

다른 하나는 자문 업무입니다. 기업이나 개인이 계약서를 쓸 때 문제가 없는지 검토하거나, 사업을 하면서 생길 수 있는 법적 위험을 미리 점검해 주는 일을 합니다. 필요할 경우 변호사가 직접 협상에 참여하거나 기업 인수합병과 관련된 실사(계약과 소송 검토 등)도 수행합니다.

🟦편 기업에 취직하는 변호사도 많다고 들었어요. 기업에서는

어떤 일을 담당하나요?

🔵김 기업에서 일하는 변호사를 사내변호사라고 합니다. 2022년 기준으로 사내변호사의 수는 약 4,000명 정도로 33,000여 명의 변호사 중 약 12%의 비율이었어요. 예전에 비해 사내변호사가 많아졌고, 앞으로도 꾸준히 증가할 것으로 전망됩니다. 기업이 사내변호사를 채용하는 이유는 법률 리스크를 줄이고, 준법 경영을 강화하는 것이 더 중요해졌기 때문입니다. 특히 대기업은 물론이고 중견 기업 및 스타트업 등 신사업 진출 의지가 강한 기업들에서도 사내변호사의 역할이 크다고 합니다.

사내변호사는 계약서의 작성과 검토, 내부 규정의 제·개정과 적용, 조직의 내·외적 법적 권리 보호, 소송과 송무 관리 등의 업무를 담당합니다. 사업 실무 부서의 문제에 대해 법적, 제도적 해법을 제시하고, 법률 분쟁을 미리 예방하고 리스크를 최소화하는 등 위험 관리자의 역할도 합니다. 또한, 사업 전략의 법률적 조언 및 의견 제시, 대응 활동을 비롯해 주주총회와 이사회 운영 지원 자료 보존 및 관리 등 경영 지원자의 역할도 합니다.

이렇듯 사내변호사는 법률적인 자문을 주로 합니다. 예를 들어 회사가 기업 인수합병을 진행한다면 합병할 때 가치 평가는 회계사가 하겠지만 협상을 어떻게 할 것인지는 변호사가 관여할 수 있어요. 상대측 회사가 여러 건의 소송을 진행하고 있다면 위험의 수준을 평가해 인수 가격을 책정하는 일을 합니다. 또한 합병이 가능할지, 아닐지 법률적인 검토도 하고 공정거래 이슈와 관련한 문제는 없는지도 검토합니다. 그리고 합병과 관련된 법률 비용 등을 따지고, 신규 사업에 진출한다면 위험은 없는지 검토하는 일도 합니다. 사업과 관련해서 기업은 외부 법무법인에 자문하기도 하는데요. 사내변호사는 외부 기관이 보내온 자료를 검토하는 일도 합니다.

편 사내변호사로 일할 때의 장단점은 무엇일까요?

김 장점은 회사 경영 전반에 참여하고 있어 업무 만족도가 높고, 출퇴근 시간이 일정하고 고정적인 수입이 보장되어 직업 안정성이 높은 것을 들 수 있습니다. 또한, 회사 업종에 따라 특정 분야에 대한 전문성을 확보할 수 있고, 법조계 외 다양한 분야로 시야를 확대할 수 있습니다. 반면에 변호사 본연의 업무인 송무보다는 행정 업무가 많고, 회사에 종속되어 있어 업무상 독립성이 낮고, 지방변호사회 회칙에 따라 연간 10건 이내로 수임해야 한다는 제한이 있다는 단점이 있습니다.

편 정부와 공공기관에서 일하는 변호사는 어떤 업무를 하나요?

김 공정거래위원회, 금융감독원, 국가인권위원회, 국세청, 교육청, 공기업 등에서 일하는 변호사는 법률 검토와 정책 자문, 행정소송 대응 등의 일을 담당합니다. 또한, 정책이 법률에 맞게 시행될 수 있도록 도와주고, 국민의 권익을 보호하는 역할도 합니다. 공무원 신분으로 채용될 때도 있고, 계약직으로 일하기도 합니다.

최근에는 경찰에서 변호사 자격이 있는 사람을 '경력직 경감'으로 채용합니다. 채용하는 인원은 해마다 다르지만 적게는 20여 명, 많게는 40여 명으로 법률 지식을 활용해 직접 수사를 담당하거나 인권을 보호하고 법적 절차를 잘 따를 수 있도록 돕는 역할을 수행합니다. 그리고 변호사는 대학교나 연구기관으로 진출해 법학 강의나 연구 업무를 담당하기도 합니다.

법률사무소를 개업하려면
어떻게 해야 할까요

편 자신만의 법률사무소를 운영하고 싶은 변호사도 있을 텐데, 개업하려면 어떻게 해야 할까요?

김 변호사 자격을 취득하고 변협에 등록하는 절차를 거치면 언제라도 법률사무소를 개업할 수 있습니다. 하지만 실제로는 자격을 취득한 후 바로 법률사무소를 직접 운영하는 경우는 비교적 드뭅니다. 법률 업무는 단순히 책에서 배운 지식만으로는 부족하고, 실무 경험과 노하우가 매우 중요하기 때문입니다.

실무 경험이 왜 중요할까요? 법학전문대학원에서는 헌법, 민법, 형법 등 다양한 법 이론을 배우지만, 실제로 소송을 맡아 재판을 준비하고 의뢰인을 상대하며 문제를 해결하는 일은 현장에서 몸으로 익혀야 하는 부분이 많습니다. 그래서 다수의 신입 변호사가 처음에는 법무법인이나 선배 변호사의 사무실에서 근무하며 실무를 배우고 난 다음, 경험이 쌓인 후에 자신의 사무실을 여는 경우가 많습니다.

그런데 기존에 사회 경험이 있거나 특별한 전문성이 있는 경우는 자격을 취득한 후 곧바로 자신의 사무실을 여는 사람들도 있습니다. 예를 들어 경찰이나 검찰 수사관 출신이 변호사 자격을 취득한 후 형사사건을 전문으로 다루는 사무소를 운영하는 겁니다. 또 세무사, 회계사, 기술사, 의사 등의 자격을 가진 사람들도 변호사가 되어 기존 전문 분야에서 활동하며 법률 자문과 소송을 하기도 합니다. 특정 지역에서 강한 인맥과 경험을 바탕으로 지역 밀착형 법률서비스를 제공하는 때도 있습니다. 이처럼 기존의 경력과 연결되는 분야에서 활동하는 경우 바로 개업해도 충분히 경쟁력을 가질 수 있습니다.

근무 시간과 휴일은 어떻게 되나요

편 근무 시간과 휴일은 어떻게 되나요?

김 변호사의 근무 시간은 고정되어 있지 않고 유동적입니다. 어떤 사건을 맡고 있느냐, 어떤 분야에서 일하느냐, 그리고 어떤 곳(법무법인, 기업, 공공기관 등)에서 근무하느냐에 따라 달라집니다. 변호사의 일은 보통 정해진 시간에 출·퇴근하기 보다는 자신이 맡은 사건이나 업무를 책임지고 처리하는 방식으로 진행됩니다. 즉, 스스로 일정을 계획하고 시간을 관리해야 하는 일이 많다는 것입니다. 자유로운 만큼 바쁘기도 합니다. 이 일은 책임이 큰 만큼 업무량도 많고, 사건의 마감 기한이 정해져 있는 경우가 많아 야근하거나, 주말에도 근무하는 때도 종종 있습니다.

특히 변호사가 된 지 얼마 되지 않은 초기 연차에는 실무에 익숙하지 않아 같은 업무라도 더 많은 시간과 노력이 필요한 경우가 대부분입니다. 하지만 경력이 쌓이면서 점차 업무에 익숙해지고 자신의 일정을 어느 정도 스스로 조절할 수 있는 여유도 생깁니다.

이렇게 법무법인이나 법률사무소에서 일하는 변호사는 야근이나 추가 근무가 많은 것이 일반적입니다. 반면에 기업이나 공공기관에서 근무하는 변호사는 대체로 출퇴근 시간이 일정합니다.

연봉은 얼마나 되나요

📝 연봉은 얼마나 되나요?

🔵 변호사의 수입은 정해진 기준이 없을 뿐만 아니라 근무 형태에 따라 크게 달라질 수 있습니다. 2021년 워크넷 직업조사 결과에 의하면 변호사의 평균연봉(중앙값)은 7,770만 원으로, 조사 대상 전체 직업 평균연봉인 4,072만 원과 비교하여 높은 수준입니다. 하지만, 이 수치는 어디까지나 평균일 뿐이며 실제 현장에서는 차이가 있습니다.

변호사의 수입은 어디에서 어떤 방식으로 일하느냐에 따라 결정됩니다. 대형 법무법인, 기업의 법무팀, 공공기관 등에서는 일반 회사원처럼 월급 또는 연봉제로 급여를 받습니다. 이 경우 입사할 때 정해진 금액을 연 단위로 계약하고 매달 일정한 급여를 받습니다. 상위권 법무법인의 신입 변호사 연봉은 1억 원에서 1억 5천만 원 정도로 알려져 있습니다. 이런 고소득은 경쟁률이 매우 높고, 업무 강도도 상당한 편이라는 것을 의미합니다. 기업의 사내변호사 평균연봉은 약 7천만 원 정도입니다. 하루 8시간 근무가 보장되고 기업에서 제공되는 복지 등을 받을 수 있습니다. 공공기관 변호사는 근무하는 곳에 따라 4,500만 원에서 6,000만 원으로 차이가 있습니다. 또 국선변호사는 신입 때는 월 600만 원을, 재위촉 시에는 700만 원을 받습니다.

연봉이 아니라 성과급제를 따르는 변호사도 있습니다. 법무법인 내 파트너 변호사나 개업 변호사는 본인이 처리한 사건이나 맡은 자문 업무에 따라 성과에 따른 수익을 받습니다. 이 경우 수입이 일정하지 않고 한 해는 많고 다른 해는 적을 수도 있습니다. 성과급제는 의뢰인이 많고 사건이 복잡하거나 고액일수록 수입도 증가하는 구조입니다.

편 최근에 변호사 수가 증가해 수입이 줄었다는 보도도 있던데요, 실제는 어떤가요?

김 2013년 약 1만 6천여 명이던 변호사 수가 2023년에는 약

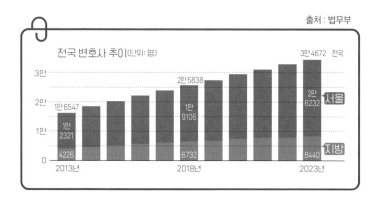

출처 : 법무부

전국 변호사 추이(단위: 명)

3만4672 전국

3만

2만5838

2만6232 서울

2만

1만6547

1만9106

1만

1만2321

4226

6732

8440 지방

0

2013년　　　　2018년　　　　2023년

3만 5천여 명으로 증가했어요. 그 시기에 법률시장의 규모는 약 4조에서 약 8조 원으로 증가했어요. 그런데 법률시장의 규모가 변호사 수의 증가에는 못 미치기 때문에 변호사의 평균 수입은 줄어들었다고 볼 수 있습니다. 개업 변호사의 월급은 통계상으로 보면 평균 1,700만 원으로 높은 편이지만 하위 소득은 월 300만 원 정도라는 조사도 있습니다. 그만큼 과거보다 경쟁이 치열해졌다는 것을 알 수 있습니다. 하지만 여전히 경력이 쌓여 전문성을 갖춘 변호사는 높은 수입을 유지할 수 있습니다.

일하면서 주의해야 할 것은 무엇인가요

편 일을 하면서 주의해야 할 것은 무엇인가요?

김 변호사, 검사, 판사 등 법조인에게 요구되는 직업윤리가 있습니다. 이것을 법조 윤리라고 하는데요. 그중에 변호사에게 요구되는 여러 의무 중에 의뢰인과 관계된 의무를 몇 가지 소개하겠습니다. 의뢰인과의 관계에서는 성실의무, 비밀유지의무, 이익충돌회피의무 등이 있습니다.

변호사의 성실의무란 직업윤리의 범위 안에서 가능한 한 신속하게 의뢰인의 위임목적을 최대한 달성할 수 있도록 노력하여야 하는 의무입니다. 변호사는 당연히 성실해야 하지만 때때로 이 의무를 간과하는 변호사들이 있기는 합니다. 최근 대한변호사협회에 '변호사에게 사건을 위임하였는데, 담당 변호사가 수시로 바뀐다.', '담당 변호사가 내 사건의 내용을 제대로 파악하지 못하고 있다.', '사건이 진행되지 않는다.', '재판부에 제출할 자료를 변호사에게 전달하였는데 제출이 되지 않았다.', '소통이 되지 않고, 사건에 대한 설명을 듣지 못했다.'라는 등 다양한 형태의 성실의무 위반을 이유로 한 진정이 급증하고 있습니다. 성실의무를 위반한 변호사들에게 불만을 표하는 의뢰인이 많다는 것인데요. 기본적인 의무인 만큼 꼭 지켜야 합니다.

다음은 비밀유지의무입니다. 변호사의 비밀유지의무는 법조 윤리의 중요한 원칙입니다. 고객의 개인적, 재정적, 법적 정보에 대해 비밀을 유지해야 한다는 법적 의무로 변호사법 제26조에 명시되어 있습니다. 이것은 고객의 사생활을 존중하고 보호하기 위한 것으로, 변호사가 업무를 수행하는 데 있어 가장 기본적이고 필수적인 요소입니다. 그러면 무엇이 비밀일까요? 우리나라에는 이에 대한 명시적 규정은 없지만 일반적으로 의뢰인이 공개를 꺼리거나 공개되면 의뢰인에게 불리한 내용이 대상이 됩니다. 상담 중에 제공된 진술, 서면 자료, 변호사가 제공한 법적 조언이나, 의견 소송과 관련된 문서 및 자료가 이에 해당할 수 있습니다. 다만, 비밀유지의무에도 예외가 존재하며, 다른 법률에 특별한 규정이 있거나 의뢰인이 공개에 동의하면 그 내용을 공개할 수 있습니다. 변호사가 비밀유지의무를 위반하는 경우는 변호사 윤리 위원회에 의해 징계조치를 받을 수 있고, 고객이 입은 손해에 대해 손해배상 청구를 받을 수 있으며, 심각한 경우에는 형사 처벌을 받을 수도 있습니다. 고객은 변호사에게 제공한 정보가 비밀로 유지되기를 요구할 권리가 있고, 변호사가 자신의 비밀을 보호하는 데 최선을 다할 것이라고 기대합니다. 그렇므로 변호사의 비밀유지의무는 법적 윤리의 중요한 요소로, 고객의 신뢰를 바탕으로 한 관계를 유지하는 데 필수적입니다. 또한, 변호사의 비밀 유지의무는 법적 절차의 공정성과 정의를 지키는 데 중요한 역할을 합니다.

이익충돌회피의무도 있습니다. 이익 충돌이란 변호사가 자신의 이익과 의뢰인의 이익 사이에서 충돌이 일어나는 상황을 의미합니다. 예를 들어, 변호사가 A와 B를 동시에 대리하고 있을 때, A와 B가 서로 법률적 분쟁에 휘말리게 된다면 변호사는 이익 충돌 상황에 직면하게 됩니다. 이때 변호사는 의뢰인에게 상황을 명확히 설명하고 동의를 얻거나 사건을 맡지 않는 것이 원칙입니다. 변호사는 항상 의뢰인의 이익을 최우선으로 생각하고, 자신의 이익이 의뢰인의 이익과 충돌할 가능성이 있다면 이를 피하거나 최소화해야 합니다. 이익 충돌은 변호사와 의뢰인 사이에 신뢰를 해치는 중요한 문제입니다.

편 변호사의 의무는 꽤 무거운 책임을 동반하는 것이군요.

김 변호사는 법률적 자문을 하는 일을 합니다. 사건에 따라 매우 큰 이익이 걸려 있을 수도 있고, 한 사람의 인생을 좌우할 수도 있습니다. 이렇게 일 자체가 무겁고 중요하기 때문에 신중해야 합니다. 그래서 이런 의무를 지키기 위해 노력하는

자세가 중요합니다.

예전에 제가 공학도였을 때는 어떤 문제에 대한 해결책을 구상하면, 컴퓨터 시뮬레이션을 통해 실제로 가능한지 실험해 보곤 했습니다. 몇 번 실패하더라도 다양한 조건을 바꾸어 다시 시도할 수 있었고, 결국 다른 방식으로 문제를 해결할 수 있었습니다. 그러나 법조인의 일은 다릅니다. 실험도, 시뮬레이션도 없이 곧바로 실전입니다. 물론 법조인도 사람이기에 실수할 수 있습니다. 하지만 가장 기본적인 원칙은 지켜야 하며, 결코 돌이킬 수 없는 실수는 해서는 안 됩니다.

최근에 재판 중 변론 기일을 잊어버려서 참석하지 않은 변호사, 1심이 끝나고 2심을 열어달라고 항소해야 하는데 기한을 넘겨 의뢰인의 권리를 지키지 못한 변호사의 예가 언론에 의해 알려졌습니다. 검사도 마찬가지 실수를 합니다. 중범죄를 저지른 피의자를 구속 기간 안에 기소하지 않아 석방하게 한 검사의 실수도 질타를 많이 받았어요. 재판의 기본적인 절차를 지키지 않아서 생긴 문제로 법조인이라면 누구나 이런 실수는 하지 말아야 합니다.

변호사 윤리강령

1. 변호사는 기본적 인권의 옹호와 사회정의의 실현을 사명으로 한다.

2. 변호사는 성실·공정하게 직무를 수행하며 명예와 품위를 보전한다.

3. 변호사는 법의 생활화 운동에 헌신함으로써 국가와 사회에 봉사한다.

4. 변호사는 용기와 예지와 창의를 바탕으로 법률문화 향상에 공헌한다.

5. 변호사는 민주적 기본질서의 확립에 힘쓰며 부정과 불의를 배격한다.

6. 변호사는 우애와 신의를 존중하며, 상부상조·협동정신을 발휘한다.

7. 변호사는 국제 법조 간의 친선을 도모함으로써 세계평화에 기여한다.

편 또 어떤 마음가짐이 있어야 할까요?

김 당연하겠지만 준법 의식이 있어야 합니다. 변호사라는 직업은 의뢰인의 이야기를 듣고 의뢰인 편에 서서 업무를 수행하지만, 의뢰인의 요구를 무조건 들어야 하는 것은 아닙니다. 법을 어겨서라도 이익을 얻으려는 의뢰인이 있다면 변호사는 사회정의를 고려해 판단할 수 있어야 합니다. 아무리 보수를 많이 준다고 하더라도 공적인 입장에서 판단하고 결정하는 자세가 있어야 합니다. 이익만 좇아서는 안 되는 직업이라고 생각합니다.

LAWYER

변호사에게
궁금한
이야기

시대에 따라 법도 변하나요

🟦편 시대에 따라 법도 변하나요?

🟦김 변합니다. 전 국민에게 영향을 끼친 법과 제도 중 2008년 폐지된 호주제(戸主制)가 대표적인 사례입니다. 호주제는 가족을 법적으로 규정하는 제도로, 가부장적 질서를 기반으로 운영되었습니다. 주로 남성, 특히 장남이 가족의 대표인 '호주'가 되었으며, 여성은 결혼하면 남편의 호적에 편입되는 등 성차별적 요소가 강했습니다. 이러한 이유로 사회적 논란이 지속되었고, 결국 2005년 헌법재판소의 위헌 결정과 국회의 입법을 통해 폐지되었습니다.

호주제 폐지 이후, 2008년부터 가족관계등록부 제도가 도입되면서 개인 단위로 출생, 혼인, 사망 등의 정보를 관리하게 되었습니다. 이를 통해 성평등이 강화되고, 다양한 가족 형태를 존중하는 방향으로 변화가 이루어졌습니다. 이처럼 사회의 변화에 따라 법도 변화합니다.

또 다른 예로 과거에는 간통죄로 인해 구속되거나 실형을 선고받는 일이 일반적이었지만, 현재는 더 이상 처벌하지 않습니다. 헌법재판소는 간통죄가 성적 자기 결정권과 사생활의 비밀 및 자유를 과도하게 침해한다는 이유로 위헌 결정을 내

렸고, 이에 따라 형법상 해당 조항도 삭제되었습니다.

형사소송 절차 또한 변화하였습니다. 예전에는 구속 여부를 서류만으로 심사했지만, 현재는 판사가 피의자를 직접 심문하는 '구속영장실질심사'를 거쳐 구속 여부를 결정합니다.

편 이런 변화에 어떻게 대응하는 게 좋을까요?

김 기존에 익힌 지식만으로는 충분하지 않은 게 사실입니다. 지속적으로 공부하고 성장하는 자세도 필요합니다. 사회의 변화에 따라 새로운 법이 만들어지고, 기존 법도 개정되며, 법원의 판례도 계속해서 새롭게 나옵니다. 따라서 변호사는 끊임없이 공부하고 노력하는 자세가 필요해요.

또한, 법은 사회와 관련되어 있어서 사회문제도 관심을 가지고 지켜봐야 하고, 기술의 발전에 관심을 가져야 합니다. 오늘날에는 IT, 인공지능, 환경, 바이오 등 다양한 분야에서 법률문제가 생기기 때문에 새로운 기술과 정보에 관심을 가지고 이해하려는 태도가 중요합니다.

이 일을 하면서 보람을
느꼈던 순간은 언제인가요

(편) 이 일을 하면서 보람을 느꼈던 순간은 언제인가요?

(김) 구속영장이 청구되어 불안해하던 의뢰인이 영장이 기각되었을 때 기뻐하는 모습을 보면 저 역시 큰 보람을 느낍니다. 또한 제 의뢰인이 무죄를 선고받거나, 유죄 판결이 나더라도 지나치게 무거운 형이 선고되지 않아 안도할 때는 마치 저 자신이 좋은 판결을 받은 듯한 기쁨을 느끼기도 합니다. 결국, 변호사로서 가장 큰 보람은 의뢰인이 좋은 결과를 얻었을 때라는 생각이 듭니다.

(편) 변호사님이 맡았던 사건의 예를 하나 들어주세요.

(김) 의뢰인과 관련된 이야기이기 때문에 구체적인 내용을 밝히기는 어렵지만, 몇 년 전 기억에 남는 사건이 있습니다. 경찰관들이 수사 과정에서 확보한 휴대전화가 문제가 되어 구속영장이 청구된 사건이었는데, 언론보도도 많이 나왔고 실제로 직장을 잃을 위기에 처하기도 했습니다. 다행히 구속영장은 기각되었고, 이후 1심과 2심 모두 무죄 판결을 받았습니다. 별도로 언론사를 상대로 정정보도도 청구하여 기사 내용을 바

로잡았고, 의뢰인들은 결국 직장도 계속 다닐 수 있게 되었습니다. 구속영장이 청구된 시점이 2019년이었으니 오랜 시간 다투어야 했고, 그 과정에서 경찰관 두 분과 깊은 신뢰가 쌓여 더욱 인상 깊게 남아 있는 사건입니다.

이 직업의 매력은 뭐라고 생각하세요

편 이 직업의 매력은 뭐라고 생각하세요?

김 제가 생각하는 이 직업의 가장 큰 매력은 '가능성'입니다. 변호사는 단순히 법정에서 소송하는 것에만 그치지 않고 어떤 일을 할지, 어떤 방식으로 일할지를 스스로 결정할 수 있는 폭이 넓은 직업입니다. 예를 들어 누군가는 재판을 통해 사람들의 억울함을 풀어주는 일을 하고, 또 누군가는 기업을 자문하거나 국제 분쟁을 해결하거나, 인권이나 공익 활동에 전념하기도 합니다. 법률이라는 도구는 모든 사회 영역에 연결되어 있기 때문에 변호사는 자신의 관심사와 적성을 살려 어느 분야든 도전하고 성장할 가능성이 열려 있습니다. 또한, 일정한 경력이 쌓이면 자신의 사무실을 운영하거나, 강의나 연구, 방송, 공직 진출 등 새로운 길로도 나아갈 수 있습니다. 이처럼 변호사는 다양한 분야와 자유롭게 연결되며, 오래도록 자신의 방식으로 일할 수 있는 유연하고 열린 직업입니다. 바로 이런 점이 제가 생각하는 변호사의 가장 큰 장점이자 매력입니다.

이 일의 어려운 점은 무엇인가요

편 이 일의 어려운 점은 무엇인가요?

김 가장 먼저 떠오르는 어려움은 바로 '일 자체가 어렵다.'라는 점입니다. 변호사가 다루는 일은 대부분 사람들이 스스로 해결하지 못해 도움을 요청하는 복잡하고 까다로운 문제들입니다. 법은 원칙과 논리가 중요한 분야이기 때문에 조금만 실수해도 한 사람의 인생이나 기업의 미래에 큰 영향을 줄 수 있습니다. 따라서 매 순간 정확하게 판단하고, 책임감 있게 처리해야 하는 압박감이 따르며 그만큼 정신적인 집중력과 체력, 그리고 끈기 있는 자세가 요구됩니다. 물론 저도 실수를 합니다. 그래서 늘 신중해지려고 노력하고 기한도 잘 지키려고 합니다.

편 일 자체가 어렵다는 말씀에 공감이 갑니다. 또 어떤 노력을 해야 할까요?

김 이 일을 법률적인 지식만 있으면 잘할 수 있다고 생각하면 안 됩니다. 사람을 상대하는 일이라 사람에 대한 이해와 상황을 정확하게 인식하려는 노력이 필요해요. 타인에 대한 이해력 또는 공감 능력이 필요합니다.

그리고, 변호사는 자신의 감정에 휘말리지 않아야 합니다. 명백한 범죄를 저지르고도 반성하지 않는 피의자를 변호해야 하는 경우도 있습니다. 그럴 때 감정적으로 반감을 느낄 수는 있지만, 변호사는 자신의 역할을 감정보다 더 앞세워야 합니다. 아무리 중대한 범죄를 저지른 피고인이라 하더라도, 법이 정한 범위 내에서 공정한 처벌을 받아야 하며, 그 이상의 불이익을 받아서는 안 됩니다. 형사사건을 맡다 보면 이처럼 감정과 원칙 사이에서 어려움을 겪는 순간들이 있습니다.

영화나 드라마는 현실을
얼마나 반영하고 있나요

편 변호사는 영화와 드라마의 단골 소재인데요. 영화나 드라마가 현실을 잘 반영하고 있나요?

김 예전에는 현실과 다른 부분이 많았는데, 요즘 영화나 드라마는 상당 부분 유사해졌습니다. 변호사와 검사의 조언을 받아 현실을 충실히 반영하는 작품이 많은 것 같습니다. 그런데 영화나 드라마의 트렌드가 시대에 따라 달라지는 것 같아요. 예전에는 검사의 정의로운 측면을 그린 작품이 많았는데, 요즘은 상사들의 불합리한 지시에 순응하고, 권력의 눈치를 보는 검사들의 이야기가 소재로 많이 등장해서 검사들 대부분이 약간 부정적인 이미지로 비치는 것 같아요. 하지만 현실은 다릅니다. 일부 검사들을 제외하고 현실에서 검사들은 진짜 열심히 일해요. 특히 지방검찰청 검사들은 절도, 강도, 사기, 살인 등 서민들이 겪는 사건들을 해결하려고 정말 노력합니다.

변호사도 마찬가지입니다. 겉보기에는 냉철하고 계산적인 모습으로 비칠 수 있지만, 실제로는 사건 수임료의 많고 적음에 상관없이 밤새 서류를 검토하고, 증인 신문과 변론을 철저히 준비하는 경우가 많습니다. 어떤 사건이든 맡은 이상 최선을 다하는 것이 변호사의 기본자세입니다. 어느 직업이든 다양한 사람이 존재하듯, 법조계에도 성실하고 열심히 업무를 수행하는 사람이 있는가 하면 부정적인 평가를 받는 사람도 있기 마련입니다. 따라서 영화나 드라마 속 이미지로 법조인을 판단하는 것은 파편적 인식에 불과합니다.

편 실제 사건을 모티브로 한 영화나 드라마도 현실과 차이가 있겠지요?

김 예전에 〈부부클리닉 사랑과 전쟁〉이라는 재현 드라마가 있었는데, 거기서 다루는 소재가 때로는 시청자가 보기에 '너무 과장된 측면이 있는 것 아닌가, 설마 현실에서 저런 일이 있겠어?'라는 사례도 꽤 있었어요. 그런데 제작에 참여했던 사람들이 나중에 드라마가 현실보다 훨씬 조심스럽게 표현한 것이었다고 말했다고 들었어요. 법정 사건도 마찬가지입니다. 영화나 드라마, 소설에서 재현할 수 없을 정도로 잔혹하거나 비상식적인 사건들이 있어요. 오히려 현실보다 순하게 표현한 것들도 많습니다.

다른 분야로 진출할 수 있나요

🔵 변호사가 다른 분야로 진출하는 경우도 있나요?

🔵 앞에서도 이 직업의 장점은 가능성이라고 이야기했듯이 변호사 자격이 있으면 기업을 비롯한 공공기관, 금융기관, 의료기관 등 법률가가 필요한 모든 곳에 진출할 수 있습니다. 법률가로서의 경력을 바탕으로 해당 분야의 전문가로 성장해 기업의 CEO가 되어 직업 경영에 참여하는 분들도 적지 않습니다. 이렇게 변호사 자격을 발판 삼아 다른 직종으로 옮겨가기도 하고, 여력이 있는 사람들은 변호사로 일하면서 다른 일을 겸업하기도 합니다. 본인이 하고 싶은 분야는 무엇이라도 할 수 있는 거지요.

🔵 반대로 다른 일을 하다 변호사가 되는 분들도 많지 않나요?

🔵 많습니다. 저한테 가끔 로스쿨에 진학해도 괜찮은지 물어보는 사람들이 있어요. 특히 기자분들이 이런 고민을 많이 하는 것 같습니다. 이미 기자로 경력도 있고 나이도 있는데 법학전문대학원에 진학해도 미래가 괜찮을지 물어보는 거예요. 그럼 저는 마음이 있다면 고민하지 말고 진학하라고 조언해요.

하고 싶은 것이 있는 사람에게 변호사 자격은 무조건 도움이 됩니다. 해마다 배출되는 변호사가 많아서 법조시장이 포화상태라는 전망도 있기 때문에 걱정하는 사람들이 많은데요. 그래도 큰 욕심만 부리지 않는다면 굉장히 좋은 직업입니다.

회계사, 세무사, 의사, 약사 등 전문 자격증을 가진 사람들도 로스쿨에 진학하는 사람이 많아요. 예전에는 법만 공부하면 법조인이 되는 데 문제가 없다는 인식이 강했어요. 그런데 사회가 발전하고 복잡한 양상을 띠면서 법 지식을 사회문제에 적용할 수 있는 역량이 더 중요한 시대가 되었어요. 이렇게 다변화하는 사회에서는 여러 분야의 지식이 있는 사람들이 오히려 법조인으로서 빛을 발휘할 수 있다고 생각합니다.

편 검사나 판사 출신 변호사도 많으시던데 처음부터 변호사를 시작한 사람들과 차별화된 강점이 있을까요?

김 법조인은 변호사 자격이 기본이기 때문에 검사나 판사로 재직하다 나와서 변호사가 된 분들이 많이 있습니다. 저도 검사로 있었고요. 검사나 판사 경력이 있는 경우, 변호사로서 유리한 점이 있습니다. 예를 들어, 검사는 형사사건의 절차와 수사 과정을 잘 알고 있기 때문에 형사사건을 주로 맡는 경우가 많습니다. 판사 출신의 변호사들은 민사와 형사를 모두 다루

는 경우도 있지만, 한쪽 분야에 집중하는 경우도 있습니다. 이들은 재판 절차 전반에 대한 이해도가 높아 재판 단계에서 전략을 세우고 대응하는 데 강점을 보입니다.

의뢰인과는 어떻게 소통하나요

편 변호사는 의뢰인과 소통하는 것도 중요한 업무일 것 같아요. 어떻게 소통하시나요?

김 변호사는 사건을 해결하기 위해서 의뢰인과 소통을 잘해야 합니다. 제일 먼저 할 일은 의뢰인의 말을 잘 듣는 것입니다. 의뢰인과의 소통을 통해 사실관계를 구체적이고 명확하게 확인할 수 있으며, 의뢰인의 요구사항 또한 정확히 파악할 수 있습니다.

제가 선배 변호사에게 변호사 일을 잘하려면 어떻게 해야겠냐고 물은 적이 있어요. 그랬더니 선배가 의뢰인을 위해서는 세 명의 변호사가 필요하다고 하더라고요. 한 명은 서류를 열심히 보고 사건의 경위를 잘 파악한 후 서류를 또 열심히 써야 하고, 다른 한 명은 열심히 돌아다니면서 사건과 관련된 인물들을 만나 정보를 많이 얻어야 하고, 나머지 한 명은 의뢰인과 소통해야 한다는 거예요. 그중에 가장 중요한 역할을 하는 변호사는 누구라고 생각하세요? 제 경험상으로는 세 번째 변호사입니다.

편 왜 그런가요?

김 의뢰인은 사건에 대해 누구보다 잘 알고 있는 사람입니다. 따라서 의뢰인으로부터 충분하고 정확한 정보를 얻는 것은 사건 해결의 핵심적인 요소입니다. 또한 의뢰인이 사건 진행 과정에서 쉽게 포기하지 않고, 끝까지 굳은 의지로 임하는 태도 역시 매우 중요합니다. 특히, 형사사건의 의뢰인은 굉장히 불안정한 심리상태에 있습니다. 의뢰인의 불안한 마음을 진정시키는 역할이 중요합니다. '멘털을 붙잡는다.'라는 표현이 있듯이 실제로 의뢰인들은 벼랑 끝에 있는 심정을 느낍니다. 이때 변호사가 의뢰인을 안심시키고, 지나친 걱정을 하고 있다면 해소해 주는 역할을 할 필요가 있어요. 꼭 상담하는 시간이 아니라도 의뢰인이 전화를 걸어 불안한 마음을 표현하면 안심시키고, 필요하다면 언제든 달려가서 의뢰인을 직접 만나 이야기를 들어주며 의뢰인과 소통에 막힘이 없어야 합니다.

형사사건의 피의자는 자신이 저지른 죄에 대해 그에 맞는 처벌을 받으면 되는 것이지만, 실제 의뢰인들은 결과를 상상하며 불안을 키워가는 경우가 많습니다. 이처럼 감정이 극도로 흔들리는 시기에는 곁에 딱 한 사람이라도 있어 주면 그 상황을 훨씬 더 안정적으로 넘길 수 있습니다. 그런데 아무도 의뢰인을 붙잡아 주지 않을 때는, 안타깝게도 극단적인 선택을 하는 경우도 있습니다. 그래서 변호사는 단지 법률적으로 조력하는 것에 그치지 않고, 의뢰인의 정신적 안정을 도울 수 있는 보호자 역할도 함께 수행해야 한다고 생각합니다.

편 형사사건에서 변호사는 단순히 사건을 처리하는 것이 아니라, 의뢰인을 보호하는 역할을 해야 하는 것이군요.

김 네, 저는 그렇게 생각합니다. 법은 죄를 지은 만큼만 처벌함으로써 문제를 해결합니다. 그런데 사람이 사는 세상이라 형법에 따른 처벌뿐만 아니라 도덕적인 비난도 받습니다. 그래서 공직자들이나 기업의 임원으로서 배임, 횡령 등으로 고소·고발을 당한 피의자들은 사회적인 비난에서 벗어나지 못합니다. 거기서 받는 스트레스도 상당할뿐 아니라, 형사적 책임을 어디까지 져야 하는지 불확실해 불안감도 큽니다. 또한, 형사사건은 결과가 나올 때까지 오랜 시간이 걸립니다. 최소 몇 년은 걸린다고 봐야 하는데, 그 시간 동안 구속이 될 수도 있고 불구속 상태에서 재판을 진행할 수도 있습니다. 언제 끝날지 모르는 재판으로 인한 불안감도 상당합니다. 그리고 그 기간 구속이 된다면 생업을 포기해야 하고, 그러면 가족관계도 파탄 나는 일이 흔합니다. 이렇듯 형사사건에 휘말리면 그때까지 쌓아온 개인의 커리어, 인간관계, 가족관계가 거의 다 무너진다고 할 수 있어요. 그래서 구속되는가 아닌가에 따라서 심리상태도 영향을 많이 받습니다. 그럴 때 피의자의 멘털을 잡아 줄 사람이 있어야 하는데, 그 역할을 변호사가 해야 할 수도 있습니다.

LAWYER

나도 변호사

1.

유죄임을 알고도 변호해야 할까?

변호사가 강력범죄(살인, 성폭행 등)를 저지른 의뢰인을 변호하는 상황입니다. 의뢰인이 실제로 죄를 인정했지만, 법적 절차를 통해 무죄 또는 감형을 받을 방법이 있다고 가정해 봅시다. 이때 변호사는 모든 의뢰인에게 최선의 변호를 제공해야 한다는 의무와 가해자가 경미한 처벌을 받으면 사회적 정의가 실현되지 않는 것이 아닐까 하는 생각 사이에서 고민이 생깁니다.

토론을 위한 질문

변호사는 법적 권리를 보호하는 것이 우선일까, 아니면 사회정의를 실현하는 것이 우선일까?

2.

거짓말하는 의뢰인을 알게 되었을 때 어떻게 해야 할까?

> 피고인이 "나는 절대 범죄를 저지르지 않았다."라고 주장하지만, 변호사가 확보한 증거(예: CCTV, DNA 등)로 볼 때 명백한 거짓말이라는 걸 알게 되었습니다. 변호사는 의뢰인의 정보를 외부에 발설할 수 없다는 비밀유지의무가 있습니다. 하지만 변호사가 이 사실을 알고도 무죄를 주장하면 법정에서 거짓을 조장하는 셈이 됩니다.

토론을 위한 질문

변호사는 의뢰인이 거짓말을 하고 있다는 걸 알았을 때, 이를 법정에서 밝힐 의무가 있을까?

3.

부패한 기업을 변호해야 할까?

한 대기업이 환경오염을 일으켰지만, 변호사에게 법적 허점을 찾아 무죄 판결을 받아달라고 했습니다. 기업도 법적으로 방어 받을 권리가 있지만 기업이 법적 허점을 이용해 책임을 회피하면, 사회적으로 큰 피해가 발생할 수도 있습니다.

토론을 위한 질문

변호사는 법적 허점을 이용해서라도 의뢰인을 보호해야 할까? 아니면 법적 정의를 위해 거절해야 할까?

4.

실체적 진실을 밝히기 위한 노력은 어디까지 허용되는 것일까?

무죄가 분명한 피고인이, 자신에게 유리한 증거가 될 수 있는 휴대전화 속 카카오톡 대화 내용을 변경하거나 숨겨달라고 요청하는 경우가 있습니다. 피고인의 무죄를 입증하는 것이 사회정의에 부합하는 일임은 분명하지만, 변호사에게는 증거를 위조하거나 은닉해서는 안 된다는 엄격한 직업윤리와 법적 의무가 있습니다.

토론을 위한 질문

변호사는 직업적 한계를 벗어나 실체적 진실을 추구해야 하는가?

5.

인공지능이 만든 작품에 저작권을 부여해야 하는가?

찬성 측 논점	반대 측 논점
• AI가 창작한 작품도 가치를 가지므로 보호해야 한다. • AI 개발자나 AI를 활용한 사람이 창작자로 인정받아야 한다. • AI 작품을 보호하지 않으면 기술 발전이 느려질 수 있다.	• AI는 스스로 창작할 수 없으며, 인간처럼 법적 권리를 가질 수 없다. • AI 작품에 저작권을 주면 인간 창작자들이 피해를 볼 수도 있다. • AI의 창작물은 기존 데이터를 바탕으로 만들어지므로 완전한 창작이라고 보기 어렵다.

토론을 위한 질문

① 인간의 창작과 AI의 창작은 어떻게 다를까?

② AI가 만든 작품에 저작권을 주지 않으면, AI를 개발한 사람의 권리는 어떻게 보호해야 할까?

③ 만약 AI 작품에 저작권을 인정한다면, 저작권자는 누구(개발자, AI를 사용한 사람 등)로 해야 할까?

④ AI 창작물에 저작권이 생기면, 인간 예술가들에게 어떤 영향이 있을까?

6.

휴대전화 압수 시 패스워드 제공을 강제할 수 있을까?

찬성 측 논점	반대 측 논점
• 디지털 증거 확보는 범죄 수사의 핵심이며, 휴대전화는 범죄의 중요한 수단 및 증거 저장소가 될 수 있다. • 피의자가 패스워드를 숨기면 실질적으로 압수·수색의 실효성이 없어진다. • 범죄 수사를 위해 일정한 기본권 제한은 불가피하며, 공익과 수사의 필요성이 더 크다.	• 자기부죄금지 원칙(형사소송법상 진술 강요 금지)에 위배될 수 있다. • 패스워드 제공은 본인의 범죄를 인정하거나 스스로를 불리하게 만드는 행위로 이어질 수 있다. • 수사기관의 강제 수단이 남용될 가능성이 있으며, 프라이버시 침해의 우려도 크다. • 기술적 보안 장치를 강제로 해제하게 하면, 향후 정보 인권 침해가 일반화될 위험 있다.

토론을 위한 질문

① 비밀번호 제공은 진술 강요에 해당할까?
② 수사의 실효성과 피의자의 방어권 중 어느 가치가 더 우선되어야 하는가?
③ 자기부죄금지 원칙은 어디까지 적용되어야 할까? 패스워드 제공은 이 원칙에 포함되는가?
④ 만약 강제가 정당화된다면, 그 요건과 절차는 어떻게 설정되어야 하는가?

7.

판사의 양형에 인공지능을 도입해야 할까?

찬성 측 논점	반대 측 논점
• 객관적인 기준에 따라 일관된 판결이 가능하다.	• 사건마다 사정이 달라 기계적인 판단은 부적절하다.
• 판사의 편향이나 감정을 배제할 수 있다.	• 인공지능은 인간의 도덕적 판단을 대체할 수 없다.
• 업무 효율성 및 양형 예측 가능성 증가를 기대할 수 있다.	• 데이터에 편향이 내재되어 있을 수 있다.

토론을 위한 질문

① 법의 형평성과 인공지능의 일관성은 충돌하는가?

② 판사의 재량권은 어디까지 인정되어야 할까?

③ AI 판결에 대한 책임은 누가 져야 하는가?

8.

사형제를 폐지해야 할까?

찬성 측 논점	반대 측 논점
• 인간 생명은 절대적 가치이며 국가도 생명을 빼앗아선 안 된다. • 오판의 가능성을 원천적으로 차단할 수 없다. • 사형이 범죄 억지에 효과적이라는 증거가 부족하다.	• 극악범죄에는 응당한 처벌이 필요하다. • 피해자 유족의 고통과 사회정의 실현을 고려할 때 사형은 필요하다. • 사형제 폐지는 범죄자에게 지나친 관용일 수 있다.

토론을 위한 질문

① 생명권은 모든 상황에서 절대적인가?
② 사형이 없는 사회는 범죄 억제가 가능할까?
③ 오판으로 인한 사형 집행 사례는 어떻게 다뤄야 할까?

9.
소년범의 형사 처벌은 강화되어야 하는가?

찬성 측 논점	반대 측 논점
• 강력범죄의 저연령화 추세에 비추어, 기존의 소년법은 현실을 반영하지 못하고 있다. • 피해자 입장에서 보면, 가해자의 나이보다 범죄의 결과가 더 중요하다. • 반복적인 소년범죄는 처벌의 미약함이 범죄를 조장하는 원인이 될 수 있다. • 책임 의식 함양과 예방 효과를 위해 일정 수준 이상의 처벌이 필요하다.	• 소년범은 형성 중인 인격체로서 교화 가능성이 높다. 처벌보다 보호·교화 중심의 대응이 필요하다. • 형사처벌 강화는 낙인효과와 재범률 증가로 이어질 수 있다. • 강한 처벌은 사회의 책임을 개인에게만 전가하는 결과가 될 수 있다. • 청소년기 충동성, 미성숙함을 고려하지 않는 처벌은 인권 침해 소지가 있다. • 형사처벌은 범죄 원인을 해결하지 못하며, 예방 효과도 제한적이다.

토론을 위한 질문

① 소년범의 교화 가능성과 사우리 사회의 보호는 어떻게 균형을 맞출 수 있을까?
② 현재 소년법 체계는 강력범죄에 대해 충분한 대응력을 가지고 있는가?
③ 강화된 처벌이 재범률을 낮출 수 있는 실질적 효과가 있을까?
④ 사회가 소년범죄에 대해 책임져야 할 부분은 무엇인가?

10.

압수수색영장 발부 여부를 결정하기 위해 판사가 관련자들을 직접 심문하는 것을 허용해야 하는가?

찬성 측 논점	반대 측 논점
• 압수수색은 기본권을 침해하는 강력한 조치이므로, 보다 엄격한 심사가 필요하다. • 판사가 피의자나 이해관계인을 직접 심문함으로써 수사기관의 주장만을 일방적으로 신뢰하는 문제를 줄일 수 있다. • 사법 통제의 실효성을 확보하여 수사기관의 무리한 압수수색을 견제할 수 있다. • 검찰과 경찰의 권한 남용을 방지하고, 국민 신뢰를 회복하는 계기가 될 수 있다.	• 영장심사는 신속히 진행되어야 하는 절차인데, 여기에 심문 절차까지 도입하게 되면 절차가 지연되어 수사에 중대한 지장을 초래할 수 있다. • 심문을 위한 시간, 인력, 인프라 부족 등으로 인해 현실적으로 운영이 불가능하거나 비효율적이다. • 수사 기밀이 노출될 우려가 있고, 피의자에게 불필요한 정보를 제공할 가능성도 존재한다. • 피의자나 관련자가 허위 진술을 하거나 시간 끌기를 하여 수사를 방해할 수 있다.

토론을 위한 질문

① 현행 압수수색영장 발부 절차는 피의자의 권리를 충분히 보호하고 있는가?
② 직접 심문이 수사기관의 권한 남용을 얼마나 효과적으로 통제할 수 있을까?
③ 심문 절차 도입이 수사의 신속성과 효율성에 어떤 영향을 미칠까?
④ 압수수색의 필요성과 기본권 보장의 균형은 어떻게 맞춰야 할까?

11.

사회적으로 논란이 되는 피의자나 피고인의 얼굴이나 신상을 공개하는 것을 확대하는 것이 필요한가?

찬성 측 논점	반대 측 논점
• 국민의 알 권리와 공익 실현을 위해 일정 수준의 정보 공개는 정당화될 수 있다. • 흉악 범죄에 대한 사회적 경각심을 고취하고 범죄 예방 효과를 기대할 수 있다. • 피해자와 일반 시민의 2차 피해를 방지할 수 있다.	• 무죄추정의 원칙에 반할 우려가 크며, 공개된 사람은 법적 판단 전부터 사회적 낙인을 감당해야 한다. • 언론의 과잉 보도와 여론재판으로 공정한 재판을 받을 권리가 침해될 수 있다. • 향후 무죄 판결 시 명예 회복이 사실상 불가능하며, 사회복귀에도 큰 장애 발생한다. • 범죄 혐의자 가족 등 제삼자에 대한 피해 우려도 크다. • 신상 공개의 기준이 모호하고 자의적 판단으로 공권력 남용 가능성이 있다.

토론을 위한 질문

① 얼굴이나 신상 공개는 범죄 예방에 실질적 효과가 있을까?
② 무죄추정의 원칙은 피의자 인권 보호를 위해 어디까지 적용되어야 하는가?
③ 피해자와 일반 국민의 안전, 불안 해소를 위해 피의자 정보 공개는 필요한가?
④ 정보 공개 기준의 공정성과 일관성을 확보할 방법은 무엇일까?
⑤ 이미 온라인 등을 통해 신상이 유출되는 상황에서, 법적 공개는 어떤 의미를 가질까?

12.

대마를 합법화하는 외국의 일부 사례는 타당한가?

찬성 측 논점	반대 측 논점
• 의료 목적의 활용이 가능하며, 통증 완화·항암 보조 등 치료적 가치가 입증되고 있다.	• 대마는 중독성과 정신적 부작용이 확인된 물질로, 장기적 위해 가능성이 존재한다.
• 금지보다는 적절한 규제 하의 합법화가 오히려 남용과 범죄를 줄일 수 있다.	• 합법화는 청소년이나 일반 대중의 접근성 확대로 이어질 수 있다.
• 사적 자유와 자기결정권 존중의 차원에서, 개인의 선택권이 보장되어야 한다.	• 마약류에 대한 사회적 경계가 약화되어, 더 강력한 마약으로의 전이 가능성이 있다.
• 대마 관련 범죄 수사·처벌에 소요되는 사회적 비용이 감소한다.	• 외국의 사례는 문화·법 제도·의료 시스템이 다른 맥락에서 이루어진 것이며, 국내에 그대로 적용하기 어렵다.

토론을 위한 질문

① 의료용 대마와 기호용 대마는 어떻게 구분되어야 할까?
② 외국의 대마 합법화 사례는 우리나라에서 현실적으로 적용 가능한가?
③ 자기결정권은 위해 가능성이 있는 행위까지 포함해야 하는가?
④ 대마 합법화는 오히려 규제를 강화하는 방식으로 기능할 수 있는가?
⑤ 합법화 시 고려해야 할 사회적·법적 장치는 무엇이 있을까?

13.

허위의 내용이 아닌 진실을 공개하여 다른 사람의 명예를 훼손하는 행위를 처벌할 필요가 있는가(실제로 형법 제307조 제1항은 '사실 적시 명예훼손'도 처벌 대상으로 보고 있음)?

찬성 측 논점	반대 측 논점
• 진실이라 하더라도 개인의 사생활을 무단으로 폭로하는 것은 사적 명예와 인격권을 침해한다. • 과거의 사실을 공개해 현재의 사회적 평판을 훼손하는 것은 2차 피해로 이어질 수 있다. • 정보가 진실이어도 공익 목적 없이 악의적으로 유포되면 인격권 보호 차원에서 제한 필요하다. • 표현의 자유도 타인의 인권과 명예를 해치지 않는 선에서 보장되어야 한다.	• 사실을 말했을 뿐인데도 처벌되는 것은 표현의 자유에 대한 과도한 제한이다. • 권력자나 기업의 비리를 고발하는 공익적 행위까지 위축될 수 있다. • 진실의 폭로가 명예훼손이 된다면, 사회적 비판과 감시 기능이 약화된다. • 명예훼손은 민사적 구제(손해배상 등)로 충분히 해결 가능하고 형사처벌은 지나치다.

토론을 위한 질문

1 진실을 말했더라도 그로 인해 타인의 명예가 훼손된다면, 처벌이 정당한가?
2 표현의 자유와 명예 보호가 충돌할 경우, 어떤 기준으로 우선순위를 판단해야 할까?
3 사실을 적시한 행위와 허위사실 유포는 법적으로 어떤 차이가 있는가?
4 공익 목적이 없더라도 진실 폭로는 언제나 허용되어야 할까?
5 형사처벌 없이 명예 훼손 문제를 해결할 수 있는 다른 방법은 없을까?

14.

개인정보를 잘 관리하지 못해 해킹 피해를 입은 기업에게 관리
책임을 다하지 않았다고 하여 형사 처벌하는 것이 타당한가?

찬성 측 논점	반대 측 논점
• 개인정보는 개인의 사생활, 재산, 신분에 직결되는 민감 정보로, 기업은 이를 보호할 법적·도덕적 책임이 있다. • 기업의 기술적·관리적 보안 조치가 미흡했다면, 이는 예측 가능한 위험을 방치한 과실로 볼 수 있다. • 개인정보 침해는 피해자에게 심각한 2차 피해(피싱, 명의도용 등)를 유발하므로, 강력한 책임 부과가 필요하다. • 형사처벌 규정이 있어야 기업들이 보안 투자와 예방 노력을 적극적으로 수행하게 된다.	• 해킹은 외부의 불법적 침입 행위이며, 피해를 입은 기업을 형사처벌 하는 것은 이중 피해가 될 수 있다. • 기술 발전 속도에 비해 보안 수준을 완벽히 유지하는 것은 현실적으로 한계가 있다. • 행정적 제재나 민사상 손해배상 등 대체 수단이 충분히 존재하며, 형벌은 최후의 수단이어야 한다. • 과도한 형사처벌은 기업의 활동을 위축시키고 기술 혁신 저해로 이어질 수 있다.

토론을 위한 질문

① 기업이 해킹 피해를 입었을 때, 해당 기업을 피해자로 볼 것인가? 가해자로 볼 것인가?

② 기술적으로 완전한 보안이 불가능한 상황에서 '관리 소홀'을 어디까지 인정할 수 있을까?

③ 형사처벌과 행정처분, 민사책임 중 어떤 수단이 가장 적절한 대응일까?

④ 정보보호에 대한 기업의 의무와 국민의 신뢰는 어떤 기준에서 조화되어야 할까?

⑤ 고의가 아닌 과실로 발생한 사고에 대해 어느 수준까지 형사책임을 묻는 것이 정당한가?

15.

통신회사나 IT 기업에 수사 협조 의무를 부과하고, 불이행 시 제재하는 법은 필요한가?

찬성 측 논점	반대 측 논점
• 디지털 범죄 수사는 통신기록, IP 정보 등 IT 기업의 자료 없이는 실효성이 부족하며, 수사 협조는 필수적이다.	• 기업에 과도한 수사 협조 의무를 지우면, 이용자의 개인정보와 프라이버시 보호가 침해될 위험이 크다.
• 기업이 임의로 수사 협조 여부를 결정하면, 해당 기업에 의해 공공의 안전과 정의 실현이 좌우될 수 있다.	• 수사 협조가 강제되면, 해외 이용자나 글로벌 서비스에 대한 신뢰도가 저하될 수 있다.
• 이용자 보호와 공공질서의 조화를 위해 기업에도 법적 책임을 부과해야 한다.	• 기업은 수사기관이 아니므로, 전문성 부족이나 법적 모호성으로 인해 부당한 책임을 지게 될 우려가 있다.
• 협조 의무와 제재 규정은 IT 기업의 책임 있는 데이터 관리와 공공 기여 의식을 높이는 계기가 될 수 있다.	• 제재 규정은 표현의 자유와 통신의 자유를 위축시킬 수 있는 부작용을 동반할 수 있다.

토론을 위한 질문

1. 공공의 안전과 개인의 프라이버시 사이의 균형은 어떻게 설정되어야 할까?
2. 수사기관의 요청은 항상 정당한가? IT 기업은 이에 대해 어떻게 대응할 수 있어야 할까?
3. 글로벌 IT 기업에 국내법을 적용할 경우 발생할 수 있는 현실적 문제는 무엇인가?
4. 협조 의무와 제재 규정이 마련되면, 기업의 서비스 운영 방식에 어떤 변화가 생길까?
5. 국가 안보, 아동 성범죄, 테러 등 긴급한 사안에 대해서는 어떤 수준의 협조가 정당화될 수 있을까?

16.

결혼이나 출산을 장려하기 위해 세제 혜택을 주는 것은 타당한가?

찬성 측 논점	반대 측 논점
• 초저출산 · 고령화 위기 상황에서 국가의 적극적인 개입과 인센티브 제공은 불가피하다.	• 결혼과 출산은 개인의 자유로운 선택이어야 하며, 세금 정책으로 유도하는 것은 바람직하지 않다.
• 세제 혜택은 가장 직접적이고 실질적인 장려 수단으로, 결혼 · 출산의 경제적 부담을 완화할 수 있다.	• 세제 혜택은 주로 중산층 이상의 계층에 집중되는 경향이 있어, 실질적으로 도움이 필요한 계층에게는 효과가 적다.
• 가정 단위의 소비 및 노동 재생산 기능을 활성화시켜 장기적으로 국가 경제에도 도움이 된다.	• 혜택 위주의 정책은 출산율 자체는 높이지 못하고, 형평성과 재정 효율성만 악화시킬 수 있다.
• 사회 전체가 필요로 하는 인구 재생산 문제를 개인에게만 맡길 수 없으며, 세제 혜택은 공동 부담을 나누는 방법으로 적절하다.	• 비혼 · 비출산 가구에 대한 역차별 소지가 있으며, 다양한 가족 형태를 인정하는 사회 흐름에 역행할 수 있다.
	• 출산율 문제는 보육, 주거, 교육, 고용 안정 등 구조적 문제 해결 없이 단기 대책으로는 개선되지 않는다.

토론을 위한 질문

1 세제 혜택이 결혼·출산 결정에 실질적인 영향을 줄 수 있는가?
2 세금 정책을 통해 가족 형태나 삶의 방식을 유도하는 것이 정당한가?
3 비혼·비출산자에 대한 역차별 문제는 어떻게 해결할 수 있을까?
4 출산율 제고를 위한 보다 근본적인 정책은 무엇이 되어야 할까?

17.

재래시장 보호를 위해 법으로 대형마트의 휴업을 강제하는 것은
타당한가?

찬성 측 논점	반대 측 논점
• 재래시장은 고령층 자영업자와 영세 상인들의 생계 기반으로, 법적 보호 없이는 경쟁 자체가 불가능하다. • 대형마트의 휴업일 지정은 소상공인과 전통시장 상권 회복을 위한 최소한의 조치이다. • 휴업일은 매출 전체에 큰 영향을 미치지 않으며, 공정한 상생 구조 형성에 도움이 된다. • 유통산업 발전은 중요하지만, 지역경제와 공동체 유지도 국가가 고려해야 할 공익 요소이다.	• 휴업 강제는 기업의 영업의 자유를 과도하게 제한하는 것이며, 소비자의 선택권도 침해된다. • 실제로 대형마트 휴업일에 온라인 쇼핑몰·편의점으로 소비가 이동해, 재래시장 보호 효과는 제한적이다. • 시장 경쟁을 제한하는 방식은 장기적 자생력 확보보다는 단기적 생존 연장에 불과하다. • 재래시장 활성화는 휴업 강제가 아니라 품질 개선, 접근성 향상, 마케팅 지원 등 구조적 방식이 우선되어야 한다.

토론을 위한 질문

① 재래시장 보호를 위해 기업의 자유를 제한하는 것이 정당한가?
② 대형마트 휴업이 실제로 재래시장 매출 증대에 효과가 있는가?
③ 정부는 어떤 방식으로 상생과 공정경쟁을 유도해야 할까?
④ 경쟁 제한 외에 재래시장의 자생력을 강화할 수 있는 다른 대안은 무엇이 있을까?

18.

직계존속(아버지, 어머니, 조부모 등)을 대상으로 한 강력범죄를 일반적인 타인 간 범죄보다 더 무겁게 처벌하는 것이 과연 타당할까?

찬성 측 논점	반대 측 논점
• 부모나 조부모는 양육과 보호의 책임을 다한 존재로, 이에 대한 범죄는 도덕적 · 윤리적으로 더욱 중대한 침해이다.	• 범죄는 결과 중심으로 평가되어야 하며, 피해자의 신분에 따라 처벌 수위가 달라지는 것은 형벌의 평등 원칙에 어긋난다.
• 가정 내 권위와 질서를 유지하기 위해 직계존속에 대한 범죄에 대해서는 강력한 법적 대응이 필요하다.	• 피해자가 부모라는 이유로 가해자의 책임을 더 무겁게 보는 것은 현대사회의 다양한 가족 형태를 고려하지 않은 접근일 수 있다.
• 직계존속에 대한 폭력은 사회 전반의 도덕 기반을 훼손하는 행위로, 공공질서 보호 차원에서도 엄중한 처벌이 필요하다.	• 존속관계가 있다고 하더라도, 가해자가 오히려 오랜 기간 학대받은 피해자일 가능성도 있다.
• 현실적으로 범죄 피해 대상이 되는 직계존속은 방어력이 취약한 고령층인 경우가 많아 특별한 보호가 필요하다.	• 이미 피해자 보호는 충분한 형량과 양형 기준을 통해 가능하며, 별도의 법 조항은 불필요한 이중 규율일 수 있다.

토론을 위한 질문

1 형벌의 평등 원칙은 피해자의 신분에 따라 달라질 수 있는가?
2 부모나 조부모에 대한 범죄는 다른 피해자에 대한 범죄와 본질적으로 다른가?
3 가중처벌 규정이 실제로 존속범죄 예방에 효과가 있는가?
4 존속범죄의 원인이 오히려 피해자의 학대나 방임인 경우, 가중처벌은 정당한가?

LAWYER

변호사
김상천
스토리

편 김상천 변호사님의 개인적인 이야기를 들어보는 시간이에요. 먼저 어린 시절 이야기를 들려주세요.

김 저는 속초에서 태어나 자랐어요. 제가 초등학교 4학년 때 아버지가 돌아가셨고, 어머니 혼자 누나와 저를 기르시느라 많이 바쁘셔서 그랬는지 혼자 있는 시간이 많았어요. 그때 동네 형이 컴퓨터학원을 운영했는데, 그곳에서 강의도 듣고 게임도 하고, 잡다한 일도 도우면서 시간을 보내곤 했습니다. 학교가 끝나면 늘 컴퓨터학원에 있다가, 그 형이 퇴근할 때쯤 함께 집에 돌아왔어요. 컴퓨터를 좋아했던 저는 인문계 고등학교보다는 상업고등학교에 진학하는 것이 적성에도 맞고, 가정 형편에도 도움이 될 것이라고 생각했습니다. 그런데 어머니께서 "그래도 대학은 가야 하지 않겠냐"며 학교에 오셔서 제가 이미 작성해 둔 고등학교 진학 원서를 바꾸셨어요. 그렇게 인문계 고등학교에 진학했지만, 학교 공부와 야간자율학습으로 바쁜 나날이 이어졌고, 컴퓨터를 접할 기회는 거의 없었습니다. 집에도 컴퓨터가 없었기 때문이에요. 하지만 결국, 대학에 진학할 때 저는 다시 컴퓨터를 전공으로 선택했습니다.

편 어릴 적 꿈은 무엇이었나요?

김 컴퓨터 프로그래머가 되는 게 꿈이었어요. 그래서 대학과 대학원에서 컴퓨터 공학을 전공했는데요. 대학원을 졸업하고 연구소에서 연구원으로 일하면서 연구도 하고 프로그램도 개발했었죠. 돌이켜보면, 그 당시 제 주변에는 이공계 분야에 종사하는 사람들만 있었고, 법조인은 전혀 없었습니다. 저 역시 허름한 셔츠 차림으로 밤새 컴퓨터를 다루다가 새벽에야 집에 돌아오는 생활을 반복했죠. 그래서 그때까지는 컴퓨터 공학자가 제게 가장 잘 맞는 직업이라고 굳게 믿었고, 그 선택을 한 번도 의심해 본 적이 없었습니다. 외국 유학을 준비할 때도, 컴퓨터 공학 연구를 계속해 나갈 생각이었습니다. 그러나 앞서 이야기한 것처럼 유학 계획을 접게 되면서, 제 인생의 방향도 달라지기 시작했습니다.

편 전공을 바꾸어 로스쿨에 진학하셨는데, 처음엔 좀 낯설었을 것 같아요.

김 이전까지 법학을 전혀 공부해 본 적이 없었기 때문에, 처음에는 모든 것이 낯설고 어려웠어요. 한자 때문에 문장을 읽는 속도도 느렸고, 공대 시험처럼 명확한 정답이 있는 방식에 익숙했던 저에게는, 해석과 논리를 요구하는 법학 시험이 무척 생소하게 느껴졌어요. 특히 형법 수업을 처음 들었을 때, 저는 당연히 범죄 유형에 대해 배우게 될 것이라 생각했지만, '인간의 행위란 무엇인가'부터 시작하는 교수님의 강의를 들으며 적응이 쉽지 않았습니다. 사실 처음에는 검사라는 진로는 전혀 생각하지 않았고, 법학전문대학원을 졸업한 뒤 고향인 속초에서 변호사로 활동하는 것이 제 꿈이었습니다. 그래서 1학년 때는 형법 수강을 철회하고, 형사법 관련 과목은 하나도 듣지 않았습니다. 지역에서 변호사를 할 예정이니 형사법을 몰라도 괜찮을 것이라고 생각했기 때문입니다. 하지만 이러한 생각이 잘못되었음을 깨닫고, 2학년이 되면서 놓쳤던 형사법 과목들을 집중적으로 수강했습니다. 그런데, 기초적인 법학 지식이 부족했던 제게는 이렇게 영역별로 과목을 몰아서 듣는

📝 강의에 쓰려고 집필한 형사소송법 책

방식이 오히려 법학에 익숙해지는 데 도움이 되었어요. 또한 법학전문대학원에서는 일정 학점을 넘어야 장학금을 받을 수 있었는데, 이 기준이 공부를 꾸준히 이어가는 데 동기 부여가 되기도 했지요.

📝 변호사를 목표로 진학하셨는데, 어떻게 검사가 되신 거예요?

🔵 그러게요. 우연인지 운명인지 검사가 되겠다는 생각은 전혀 해보지 않았는데 기회가 왔어요. 법학전문대학원이 생긴 첫해에 제가 들어갔는데, 그때는 아직 검사와 판사를 채용할 계획이 수립되어 있지 않았어요. 그래서 뽑을 수도 있고, 안 뽑을 수도 있다는 말이 돌았죠.

저는 사회생활을 하다가 법학전문대학원에 진학했기 때문에, 또래 학생들보다 나이가 많았어요. 당시에는 나이가 많은 경우 검사로 채용되는 비율이 낮았으며, 기수 문화가 강한 검찰 조직 특성상, 늦은 나이에 검사가 되는 것이 오히려 불리하다고 생각하기도 했습니다. 그러나 우연한 기회로 방학 때 검찰 실무 수습에 참여하게 되었고, 그 과정을 통해 검찰 업무에 관심을 두게 되었습니다. 이후 사이버범죄 수사 관련 사건들에 흥미를 느끼면서 점차 검찰이라는 조직과 그 업무에 매력을 느끼게 되었고, 졸업을 앞두고 검사를 지원하게 되었어요. 다행히 검사 선발시험에 합격했으며, 평소 가졌던 사이버범죄 수사에 관한 관심은 면접 과정에서도 좋은 인상을 주는 데 도움이 되었습니다.

편 변호사시험도 보고, 검사시험도 보신 거네요?

김 앞서 언급했듯이, 판사와 검사는 변호사 자격이 있는 사람 중에서 선발되기 때문에, 변호사시험에 합격해야만 임용될 수 있어요. 신임 검사 선발 일정은 수개월에 걸쳐 진행되며, 변호사시험보다 먼저 시작됩니다. 따라서 검사 선발시험 결과가 먼저 발표되고, 그 이후에 변호사시험 결과가 나오는 구조입니다. 제가 응시했을 당시 검사시험은 수개월에 걸쳐 총 다섯 번의 시험이 치러졌고, 법학 관련 면접 질문뿐만 아니라 토론 등 다양한 평가 절차를 거쳤습니다. 저뿐만 아니라 시험장을 나온 많은 수험생의 표정이 매우 지쳐 있었던 것이 기억에 남습니다. 다행히 검사시험에는 합격했지만, 당시에는 전혀 안심할 수 없었습니다. 변호사시험 결과가 아직 발표되지 않았기 때문입니다. 검사시험에 합격하고도 변호사시험에 떨어지면 신문 기사로 날 수도 있다는 말이 있을 정도였고, 저 역시 한동안 조마조마한 마음으로 결과 발표를 기다렸던 기억이 납

✏ 2023년 공수처 검사 임명장 수여식

니다.

 편 검사 시절에 기소한 사건 중에 기억에 남는 사건이 있다면 소개해 주세요.

 김 기억에 남는 사건이 몇 가지 있지만, 그중 가장 인상 깊었던 사건은 '카드 3사 개인정보 유출 사건'입니다. 과거 국내 주요 카드사 3곳에서 우리 국민 대다수의 개인정보가 유출된 일이 있었고, 이에 따라 개인정보 범죄의 심각성이 사회적으로 크게 주목받았어요. 사건의 파급력이 매우 컸기 때문에, 이를 계기로 검찰 내에 '개인정보범죄 정부합동수사단'이 신설되기도 했지요. 이 사건의 핵심 쟁점은, 카드 3사에 대해 개인정보 보호 의무를 위반한 부분에 대해 형사처벌이 가능한지 여부였습니다. 저는 당시 합수단에 합류하여 이 사건을 수사했고, 최종적으로 카드 3사를 기소하는 데 참여했습니다. 참고할 만한 선례도 없는 상황이었고, 사회적 관심도 매우 높은 사건이었지만, 기술적인 이해가 필요한 측면이 많아, 제 기존 경력과 경험이 수사에 많은 도움이 되었습니다.

 편 변호사로 일하는 요즘 흥미롭거나 주력하는 분야가 있으세요?

김 요즘 저는 수사 초기, 특히 압수수색 단계에서부터 적극적으로 변호인의 임무를 수행하는 데 관심을 두고 있습니다. 그동안은 수사 초기 단계에서 변호사가 적극적으로 대응하기보다는, 수사기관의 처분을 지켜보는 데 그치는 경우가 많았습니다. 하지만 최근에는 압수수색이나 조사 과정에서 피의자의 권리를 강조하는 판례들이 다수 나오고 있고, 관련 법규도 점차 정비되고 있습니다. 그럼에도 불구하고 여전히 많은 변호사들이 이러한 절차에 대한 이해가 부족하거나, 막연한 두려움 때문에 효과적으로 대응하지 못하는 경우가 많습니다. 수사는 초기 대응이 매우 중요하며, 초기에 적절히 대응하지 못하면 나중에 훨씬 더 큰 문제로 이어질 수 있습니다. 이러한 문제의식을 바탕으로, 현재 제가 소속된 법무법인에서는 압수수색, 영장 집행, 디지털 포렌식 등 초기 수사 단계에 효과적으로 대응하기 위해, 관련 분야의 풍부한 실무 경험과 전문성을 갖춘 변호사들로 팀을 구성해 활동하고 있습니다.

아울러, 기술과 법이 교차하는 영역에 지속적인 관심을 가지고 관련 활동을 넓혀가고 있습니다. 특히 개인정보, 가상자산, 인공지능 기술과 관련된 법적 쟁점에 대해 꾸준히 연구하고 소송과 자문을 수행하며, 다양한 법률적 쟁점을 심도 있게 검토하고 있습니다.

편 검사 생활을 먼저 했던 경험이 변호사가 된 지금 도움이 되는 면이 있나요?

김 당연히 검사 경험은 지금의 변호사 업무에 많은 도움이 됩니다. 저는 검사로 근무하면서 여러 차례 압수수색 현장에 직접 나가 지휘한 경험이 있습니다. 일반적으로 검사는 매우 역동적인 업무를 할 것으로 생각하지만, 실제로 압수수색 현장에 직접 나가 현장을 몸소 경험하는 경우는 드뭅니다. 그러나 저는 첨단범죄수사부에서 근무하며 압수수색 횟수도 많았고, 직접 현장을 지휘한 경험도 다양하게 쌓을 수 있었습니다. 이와 같은 경험은 변호사로서 압수수색 현장에서 대응할 때 매우 큰 도움이 되고 있습니다. 그 외에도 검사 생활은 수사절차 전반에 대한 깊은 이해를 가능하게 해 주었습니다. 검사는 수사의 모든 단계에 관여하기 때문에, 재직 당시의 경험을 통해 수사 절차 전반에 대한 깊이 있는 이해를 갖추게 되었습니다.

형사사건을 다루는 변호사에게 수사절차에 대한 이해는 가장 기본이자 핵심이며, 이는 지금 제 변호사 업무의 중요한 주춧돌이 되고 있습니다. 마지막으로, 검사 시절에 만난 훌륭한 선후배와 동기들의 존재도 큰 자산입니다. 검찰에는 인품과 실력을 겸비한 검사들이 많았고, 그들과 함께했던 시간은 변호사 생활뿐만 아니라 제 인생 전체에 있어서도 소중한 기반이 되고 있습니다.

편 검사도 경험하시고 지금은 변호사이신데, 법조인으로 일하시면서 가지게 된 직업적인 습관이나 질병이 있으세요?

김 법조인이 되기 전부터 알았던 사람들과 가족들은 제가 성격이 좀 변했다고 생각해요. 오랜 시간 법조인으로 일하다 보니 성격이 좀 날카로워졌다는 건데요. 제 아내는 예전에는 안 그랬는데, 평소 대화를 할 때도 논리적으로 따지고 꼬투리를 잡는 습관이 생긴 것 같다고 말하더군요. 저도 가끔은 가족과의 대화에서도 자연스럽게 변호사처럼 말하고 있는 자신을 발견하곤 합니다.

그리고 변호사를 비롯한 법조인의 업무는 대부분 책상에 앉아서 서류를 검토하거나 글을 쓰는 일입니다. 오랜 시간 앉아 있기 때문에 허리 통증이 생길 수 있고, 키보드나 마우스를 사용하는 일이 많아 손목이 아픈 경우도 종종 있습니다. 서류를 오랫동안 집중해서 읽고 분석하다 보면 시력에 영향을 미쳐 시력 저하가 나타나기도 합니다. 이런 것은 사무직 종사자 다수가 겪는 일일 것 같아요.

편 일하면서 받는 스트레스도 있을 것 같은데요. 관리는 어떻게 하나요?

김 변호사는 중요하고 민감한 문제를 다루는 일이 많아 스트레스를 받을 일이 적지 않습니다. 하지만 저는 다행히도 예전보다는 스트레스를 덜 받는 편입니다. 이 일을 시작한 초기에는 집에 돌아가서도 계속 사건을 곱씹고, 일 생각을 놓지 못하는 경우가 많았어요. 그런데 시간이 지나면서, 특히 가족과 함께 보내는 시간의 소중함을 느끼게 되면서부터는 일과 사생활의 균형을 조금씩 찾을 수 있게 되었습니다. 요즘은 가족과 함께 있는 시간에는 가능한 한 일 생각을 하지 않으려 해요. 그 덕분에 마음이 훨씬 편해졌어요. 결과적으로 제 스트레스 해소법은 '가족과 함께하는 시간'이라고 할 수 있습니다.

편 주변에 다른 변호사들은 어떻게 스트레스를 해소하는 것 같으세요?

김 사람마다 스트레스를 푸는 방식은 다릅니다. 제 주변에도 골프, 테니스 등 운동을 하며 몸을 움직이고 긴장을 푸는 분들, 음악감상이나 그림 그리기 등의 취미 생활로 마음을 안정시키는 분들, 친구들과 모임을 하거나 가벼운 음주로 스트레스를 푸는 분들도 있습니다. 특이하게는 일을 하면 오히려 스트레

스가 풀린다고 느끼는 분들도 있더군요. 저는 잘 이해가 되지 않지만요. (웃음)

어쨌든 자신만의 방법으로 스트레스를 건강하게 해소하는 것은 어떤 일을 하든 매우 중요합니다. 특히 변호사처럼 장시간 집중이 요구되고 높은 책임감을 수반하는 직업일수록, 일과 삶의 균형을 유지하는 방법을 배우는 것이 필요하다고 생각합니다.

편 변호사님도 일을 즐기는 타입인 것 같은데요, 아닌가요?

김 일이 재미있습니다. (웃음) 컴퓨터만큼은 아니지만 이 일도 재미있어요. 검사 시절에는 사건을 만드는 역할이었는데 그것도 재미있었고, 변호사인 지금은 사건을 해결하는 재미가 또 있어요. 일을 배울 때는 힘들기도 하고 스트레스도 있었지만, 지금은 일에서 받는 스트레스는 별로 없어요. 어느 순간부터 일이 재미있어졌거든요. 변호사가 다 그런 것은 아니에요. 제가 좀 다른 변호사보다 일을 재미있게 하는 편이라 그렇습니다.

편 앞으로 하고 더 싶은 일이 있으세요?

김 저는 컴퓨터 보안을 전공하면서 모의 해킹을 통해 시스템

보안을 점검하는 일을 많이 했습니다. 보안이 실제로 뚫리지 않는지를 확인하는 작업이었는데, 그 과정이 무척 재미있고 흥미로웠습니다. 검사로 근무할 당시에는 서울중앙지검 첨단범죄수사부(현재는 서울동부지검이 사이버범죄 중점검찰청으로 지정되며 사이버범죄수사부로 개편됨)에서 해킹 사건 수사를 담당한 경험이 있습니다. 지금은 변호사로 일하면서도 사이버 범죄나 IT 관련 기술 사건에 대한 자문을 꾸준히 맡아오고 있으며, 연구소 재직 시절부터 지금까지 해킹 사건이 발생한 초기 단계부터 법적 절차가 마무리되는 과정까지 거의 전 과정을 경험해 왔습니다. 요즘에는 해외에서는 이러한 사건들이 어떤 방식으로 처리되는지 현장에서 직접 보고 배우고 싶다고 생각하고 있습니다. 검사로 계속 있었다면, 농담처럼 이야기했던 FBI 파견 기회를 잡을 수도 있었겠지만, 지금은 변호사로서 그런 국제적인 경험을 쌓을 기회를 찾고 있습니다.

편 마지막으로 변호사가 되고 싶은 청소년에게 하고 싶은 이야기는 없으세요?

김 변호사는 우리 사회에서 어떤 역할을 하는 사람인지 먼저 생각해 보라고 이야기해 주고 싶습니다. 가장 기본적인 것이지만 다시 한번 말씀드리면 변호사는 법을 지키는 사람이면서도, 법의 한계를 넘어서 사회정의를 실현해야 할 책임이 있습니다. 변호사법 제1조는 변호사의 사명을 "기본적 인권을 옹호하고 사회정의를 실현하는 것"이라고 정하고 있습니다. 따라서 변호사는 올바른 가치관, 정의로운 마음, 그리고 법의 공공성을 이해하는 자세를 갖추어야 합니다. 또한, 단순히 지식이 많은 사람이 아니라, 끊임없이 배우고 생각하며, 책임감 있게 행동하고, 정의로운 사회를 만들기 위해 노력하는 사람이 되어야 한다고 생각합니다. 이런 마음과 태도를 가지고 있다면 여러분도 미래에 멋진 변호사가 될 수 있습니다.

편 긴 시간 인터뷰에 응해주셔서 감사합니다. 변호사님의 이야기를 들으면서 이 직업은 누구나 선택할 수 있는 직업이지만, 선택한 후에는 공공성을 가지는 직업이라는 점을 인식하고 있어야 한다는 생각이 들었습니다. 변호사를 꿈꾸는 청소년의 길잡이가 되기를 바라며 글을 마칩니다.

청소년들의 진로와 직업 탐색을 위한
잡프러포즈 시리즈 37

법과 상식으로 사회정의를 실현하는

변호사

2025년 05월 20일 초판 1쇄

지은이 | 김상천
펴낸이 | 김민영
펴낸곳 | 토크쇼

편집인 | 박성은
표지디자인 | 이든디자인
본문디자인 | 문지현
마케팅 | 신성종
홍보 | 이예지

출판등록 | 2016년 7월 21일 제 2023-000173호
주소 | 서울시 마포구 월드컵북로98, 2층 202호
전화 | 070-4200-0327
팩스 | 070-7966-9327
전자우편 | myys327@gmail.com
ISBN | 979-11-94260-35-6(43190)
정가 | 15,000원